TRUCOS Y SUGERENCIAS PARA LA PESCA Y SU ENTORNO

TRUCOS Y SUGERENCIAS PARA LA PESCA Y SU ENTORNO

Emilio Fernández Román

TUTOR

Editor: Jesús Domingo
Coordinación Editorial: Paloma González
Diseño de cubierta: 4 MAS

Primera edición: 1997
Segunda edición: 1998, reimpreso en 2000

Marqués de Urquijo, 34. 28008 Madrid
Tel. 91 559 98 32 - Fax 91 541 02 35
E-mail: tutor@autovia.com

Socio fundador
de la World Sportpublishers Association
(WSA)

Miembro de la
International Game Fishing Association

ISBN: 84-7902-167-5
Depósito Legal: M-1487-2000
Maquetación: Cm fotocomposición
Impreso: Gráficas Huertas, S. A.
Impreso en España -*Printed in Spain*

Índice

Nota del autor

Se dice que la edad confiere experiencia, tal vez conocimientos, alguna mala costumbre y peores hábitos. Pero también altera la memoria, dulcifica los malos recuerdos y nos hace esclavos de nuestros propios programas, podemos decir que somos como un viejo ordenador al que no le hemos modificado el "software".

Es muy posible que sea ésta la razón por la que después de cada una de mis salidas de pesca, solía dejar constancia en un viejo cuaderno de anillas, al que había titulado "Apuntes sobre peces, pesca, mar y río", de todas aquellas cosas que se me habían ocurrido tratando de mejorar los resultados o buscando la razón de cualquier causa; era nuevo "software".

Y también montando moscas, arreglando cañas, leyendo, o disponiendo el material; cuando encontraba la solución a un pequeño problema, que hasta el momento no había resuelto; o un simple hecho curioso y desconocido, el hecho o la solución pasaban a engrosar las notas del cuaderno. Los cuadernos comienzan en el año 1967, siendo el primero recopilación de notas anteriores y dispersas. Cada uno tiene alrededor de 80 hojas cuadriculadas en tamaño folio y solía tardar en llenarlos, escribiendo a lápiz y con letra muy pequeña, entre tres y cuatro años.

Este libro contiene muchas de las notas, algunas tal vez importantes en su simpleza, de más de cuarenta años de pescador e interesado en el mundo de la pesca. No pretendo con ellas descubrir nada nuevo, tal vez recordar algo que todo el mundo sabe, pero que por conocido se ha dado en gran parte de las ocasiones por olvidado. Las notas de los cuadernos no disponían de orden de ninguna clase, pues las apuntaba según iban surgiendo. En este libro he tratado de agruparlas en varios capítulos, a la vez que les daba un título a cada una de ellas, y me he encontrado con notas que hablan de diferentes y parecidas soluciones para un mismo problema, pero dado que no se trata de un libro que disponga de un orden determinado, puede hojearse, o comenzar por cualquier parte.

EMILIO FERNÁNDEZ

CONTROL DE LA LÍNEA

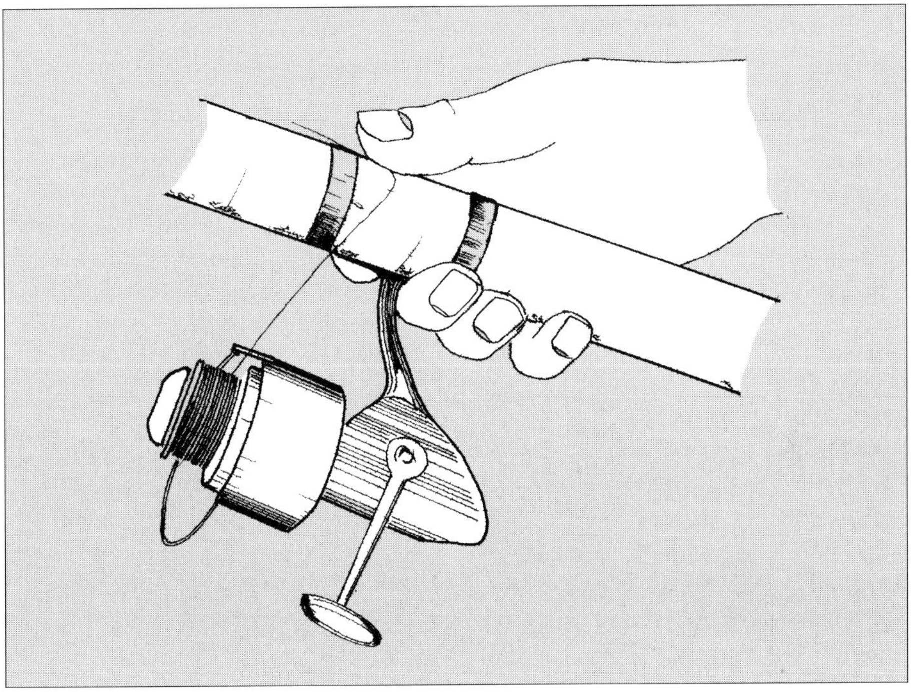

Pescando al lanzado en días muy fríos, y si lo hace con guantes, es más cómodo controlar la línea con el dedo pulgar, en lugar del índice.

PLOMOS

Dispondrá de plomos variados y fácilmente intercambiables, si de un viejo trozo de tubería corta una serie de pequeños rectángulos, que sujetará sobre la línea, doblándolos.
Tienen además la ventaja de que al engancharse contra el fondo se abren.

COMPROBACIÓN DEL AFILADO DE ANZUELOS

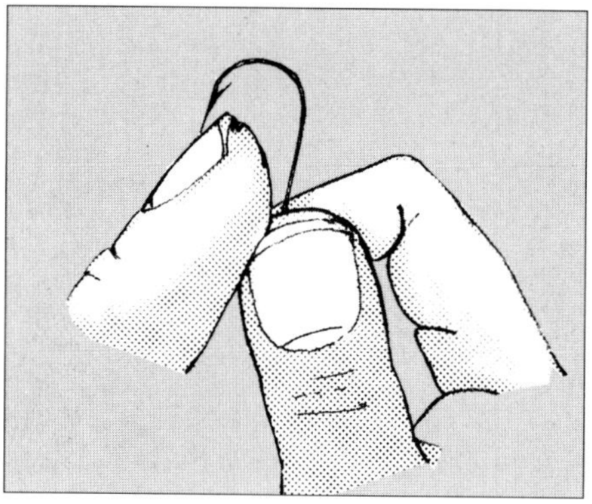

Para comprobar el grado de penetración de la punta de un anzuelo, apóyela sobre la uña de su dedo pulgar; si resbala, no está suficientemente afilado.
Puede aguzar la punta si el anzuelo es grande; si no, utilice otro.

PESCA DEL LUCIO

Cuando nos propongamos pescar lucios, independientemente del método que utilicemos y en función del cual escogeremos caña, carrete y aparejos, hay una serie de pequeños accesorios que solemos echar de menos cuando más falta nos hacen. (Véanse: Gancho, Abrebocas, Alicates, y Varios en "Accesorios de Pesca").

POSICIONES DE LA TRUCHA

Posiblemente una trucha puede ocupar cualquier posición dentro del río, pero se dice que, normalmente, suelen estar "En la parte menos profunda de la parte más profunda y en la parte más profunda de la parte menos profunda." Compruébelo en la primera ocasión.

RESISTENCIA DE LA LÍNEA

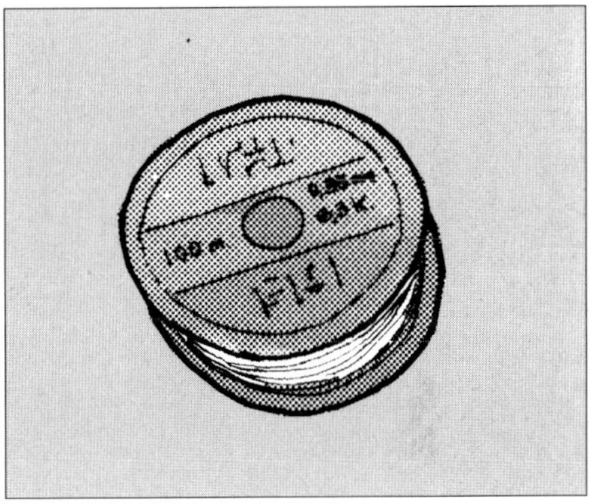

Decidir la resistencia de la línea a usar es casi siempre un problema. Una regla simple podría ser: usar una línea cuya resistencia sea el doble que el peso de las piezas capturadas en aguas despejadas y tres veces en aguas con vegetación abundante.

NIVEL DE PESCA

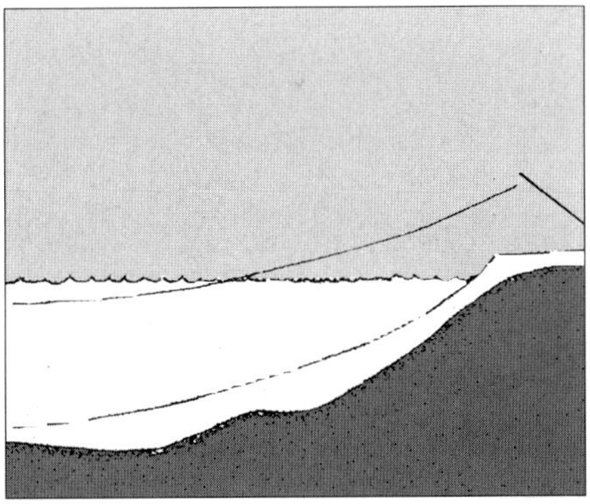

Controle la profundidad a la que se mueve su artificial o cucharilla; si mantiene la puntera de la caña alta, lo hará cerca de la superficie; si por el contrario, al recoger lo hace con ella baja, o incluso dentro del agua, su señuelo navegará cerca del fondo.

PLOMOS EN DERIVACIÓN

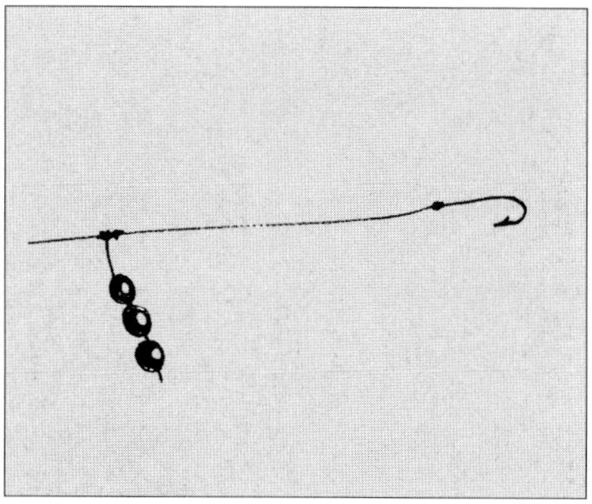

Cuando pesque con cebo natural, rastreando el fondo, es conveniente disponer los plomos en derivación sobre la línea principal; así, en caso de enganche, no perderá más que éstos, siendo también mucho más fácil el detectar los posibles obstáculos.

FLOTADOR

En determinadas horas del día, pescando con el sol de frente, se hace difícil ver la antena del flotador si está bien equilibrado y es lo único que sobresale del agua. Colóquele un pequeño trozo de pluma; mejor de un color claro, tal como indicamos.

LLENADO DEL CARRETE

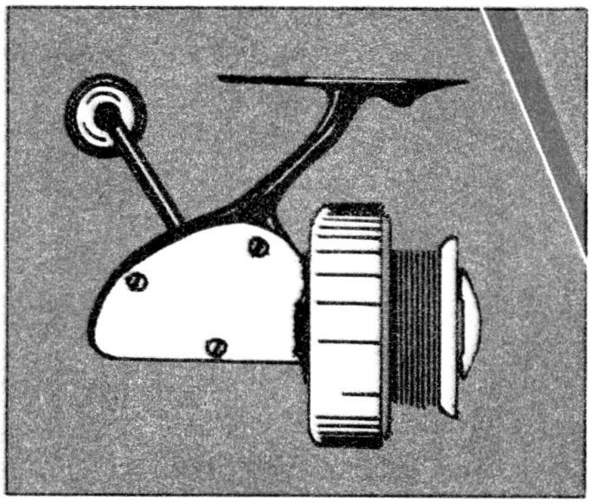

Cualquiera que sea la capacidad del tambor de su carrete, para conseguir un aprovechamiento máximo, esto es, lances largos y precisos, no olvide que debe estar lleno hasta el borde, entendiendo como tal donde se inicia la parte curva del mismo.

EQUILIBRADO DE FLOTADORES

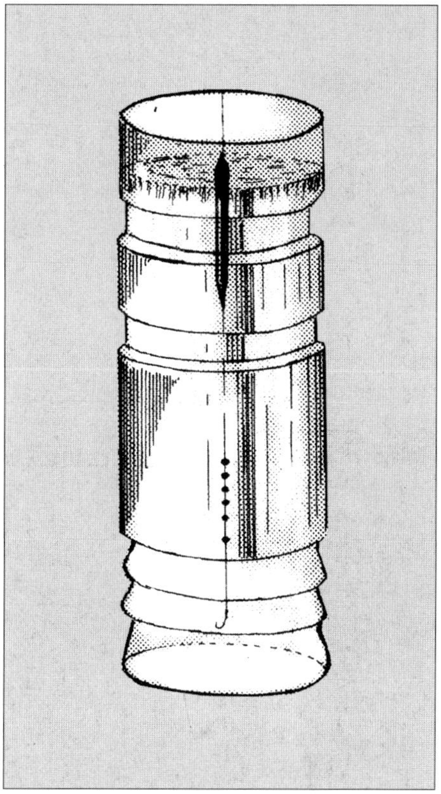

Disponer de una serie de líneas perfectamente equilibradas para pescar en cualquier condición de corriente es fundamental, si queremos obtener resultados satisfactorios cuando tratamos de capturar pequeñas especies, gobios, cachos, etc.
Para ello, la forma mejor y más cómoda de equilibrar el conjunto que forma la línea, flotador, plomada y anzuelo, es utilizando una botella grande, de plástico, de las usadas para agua mineral, a la que se le ha cortado la parte superior.

DIMENSIONES MÍNIMAS

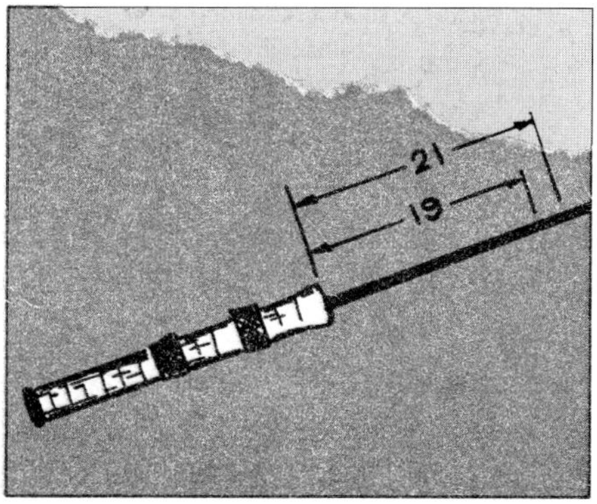

Dos marcas en su caña de lanzar, a 19 y 21 cm., le servirán para verificar en caso de duda la dimensión mínima de trucha y black-bass.

MÉTODOS DE PESCA

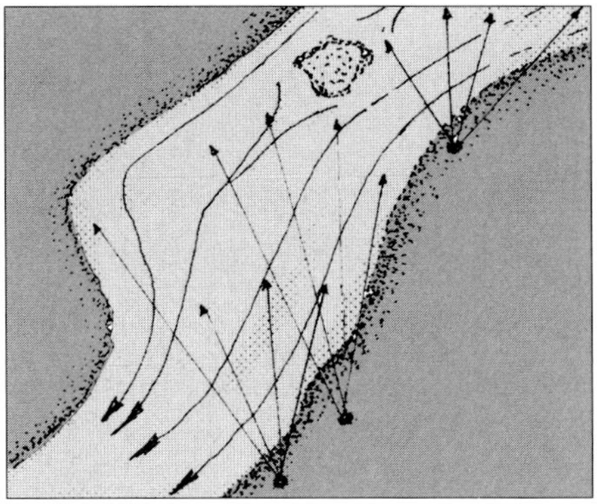

Pesque con método, comience con lances cortos a las zonas próximas y continúe con las más alejadas. No cambie de lugar hasta haber explotado todas sus corrientes.
Siempre que pueda, pesque en contra de la corriente, tal como indica el gráfico.

DESENROCADOR

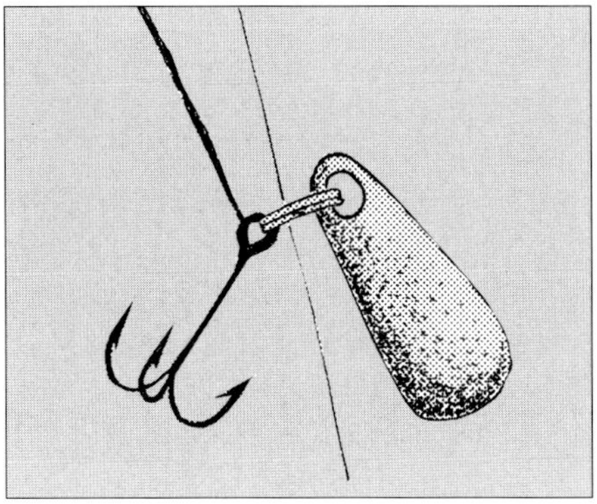

Un anzuelo triple, una anilla tipo llavero y un plomo de 50 gr., unidos a una línea resistente, constituyen un desenrocador eficaz y fácil de llevar. Pase la línea enrocada a través de la anilla y deje deslizar el conjunto hasta enganchar el obstáculo.

NYLON

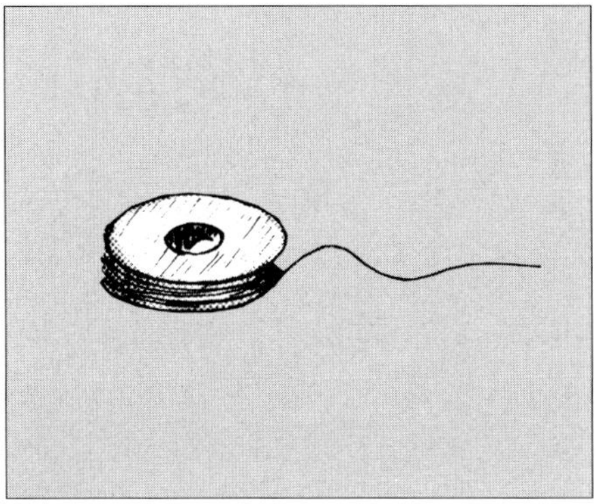

¿Sabe que el "nylon" es extraordinariamente sensible a los rayos ultravioleta? Téngalo en cuenta al guardarlo, hágalo en un lugar donde no llegue la luz del día. No compre tampoco bobinas que hayan estado expuestas durante mucho tiempo en el escaparate.

SITUACIÓN DE LOS PECES

Busque, cuando pesque en un pantano, los cambios de nivel dentro del mismo: son los lugares donde suelen concentrarse las piezas mayores, a la espera de los pequeños peces.
La continuación de una valla, un terraplén, etc., son los indicadores más seguros.

SUJECIÓN DE LA LÍNEA

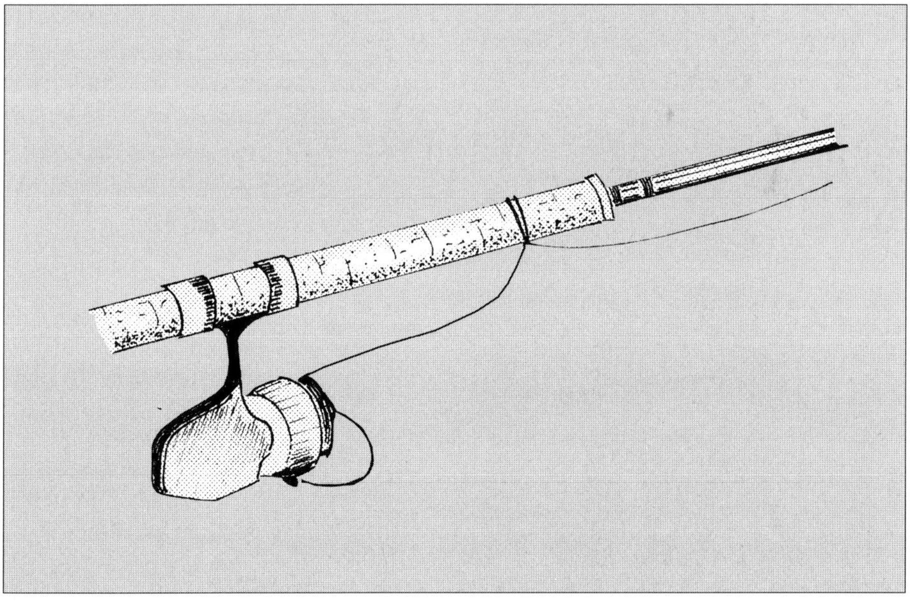

Cuando pesque con línea fija, tanto a fondo como con flotador, deje abierta la cesta del carrete y sujete un bucle de línea mediante un elástico a la empuñadura de la caña. En caso de picada, nuestra pieza no observará resistencia alguna.

PESADA DEL PEZ

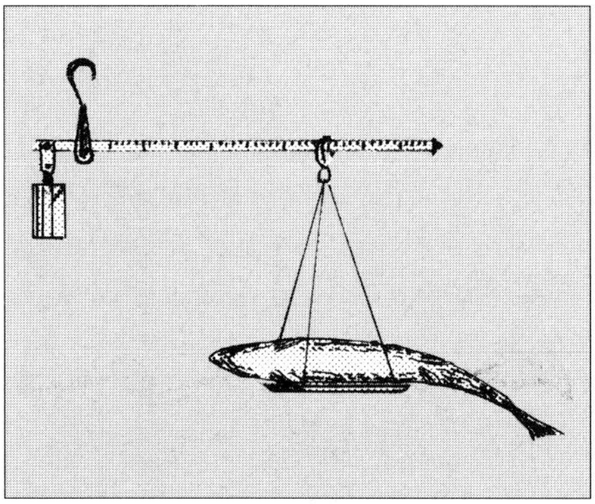

Si desea saber al llegar a casa el peso real de alguna de sus capturas, añada cincuenta gr. por cada kg. Es la pérdida aproximada que experimenta al secarse durante las primeras horas.
La pérdida de peso posterior es insignificante.

QUITAVUELTAS

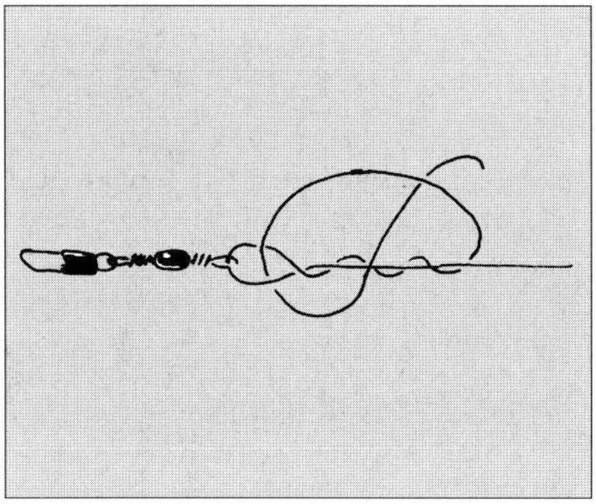

No existe nada tan molesto e inútil como un emerillón que no gira, añade peso a la línea y la retuerce.
Lávelo enérgicamente en agua y, después de secarlo, aplique una gota de aceite en el cuerpo central.

"POPPING CORK"

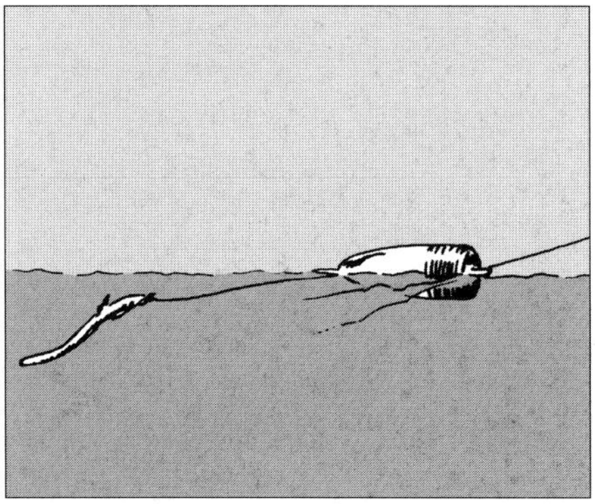

Asociamos normalmente el "popper" con los artificiales usados en la pesca del black-bass, aunque su origen proviene del "popping cork" o flotador de corcho que arrastra un cebo; su utilidad para la pesca del black es inigualable. La cara anterior del flotador debe ser cóncava.

PLOMADA

Un sistema realmente eficaz para los pescadores de carpas es el representado en la figura; tiene la ventaja sobre la oliva tradicional de que la línea circula con más libertad a través del anillo de sujeción del plomo.

TEMPERATURA DEL AGUA

El uso de un termómetro puede indicarle cuál es la forma más efectiva de pescar truchas a principio de temporada; en general, pesque con lombriz sobre el fondo cuando la temperatura del agua no llegue a 12°, con mosca ahogada entre 12° y 16°, y con seca a más de 16°.

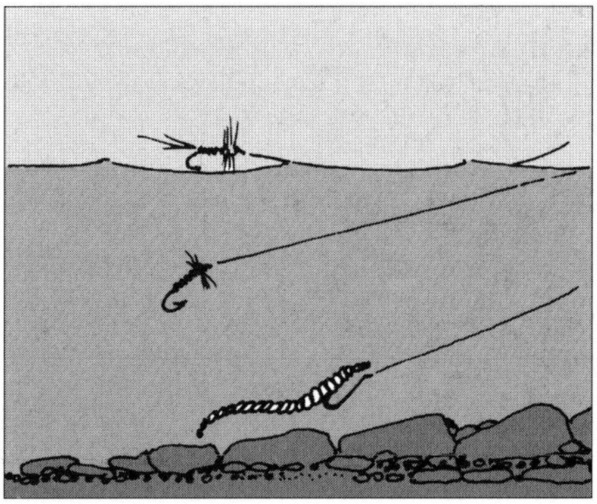

DESMONTAJE DE PLOMOS

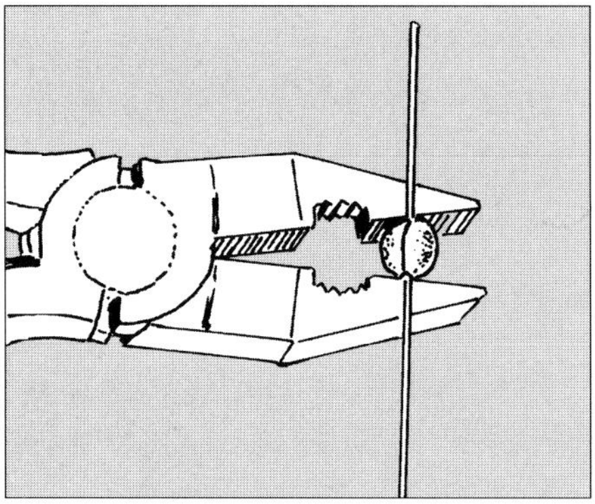

En ocasiones resulta difícil quitar un plomo de la línea sin romper ésta, sobre todo cuando es fina. La próxima vez que necesite hacerlo, utilice un alicate pequeño o una pinza presionando perpendicularmente a la ranura del plomo, que se abatirá fácilmente.

SECADO DE LOS “WADERS”

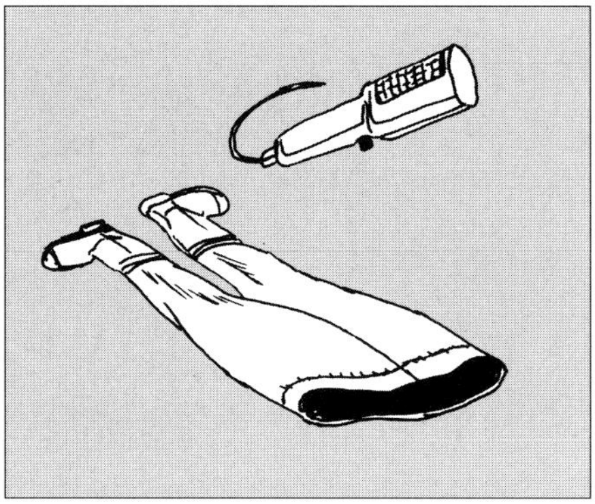

Los “waders” o botas de pescar no deben guardarse con la humedad interior después de un día de pesca. Una solución es colgarlas al revés, pero la mejor es secarlas con la ayuda de un secador de pelo portátil, que seguramente le prestará su mujer.

AFILADO DE ANZUELOS

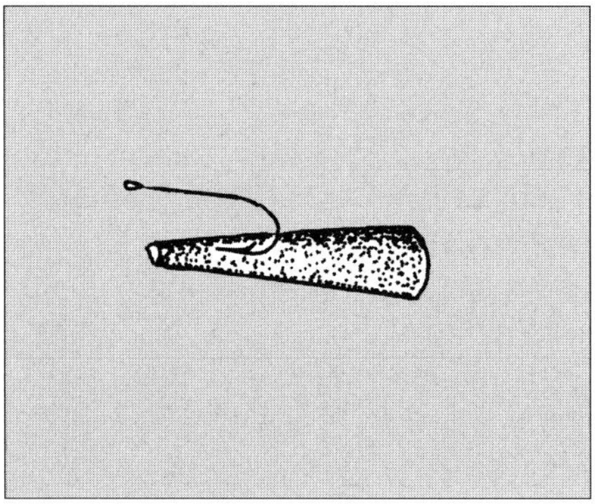

La diferencia entre un pez perdido y un pez enganchado puede estar simplemente en la punta del anzuelo. Acostúmbrese a llevarlos siempre perfectamente afilados.
Use para ello una pequeña piedra de grano fino que cabe en cualquier bolsillo.

CEBADOR

Aunque las recientes disposiciones de nuestra vigente Ley de Pesca prohíben de forma taxativa el cebado de las aguas, lo que tal vez nos permita dejar de hacer el ridículo en los Campeonatos de pesca al "coup", ya que no creo que la Federación sea capaz de asistir a un concurso para el que no dispone de pescadores preparados, tal vez este artilugio pueda, si no soslayar la prohibición, sí sembrar el desconcierto entre aquellos que deben aplicar la Ley. Ya que no estamos cebando las aguas, estamos utilizando un peso para lanzar nuestro cebo relleno con la misma pasta, masilla, patata, etc., que cubre nuestro anzuelo. Las carpas, tencas o cualquier otro pez de fondo se sentirán atraídos por el cebo colocado en la espiral, pero las mismas espiras les impedirán comerlo, buscando pronto el cebo que oculta el anzuelo.

¿Estamos cebando el agua, o utilizando un cebo masivo?

¿Qué podríamos decir de la pesca a la pelota?

Esperemos que el buen juicio y el sentido común de los responsables corrijan esta anómala situación.

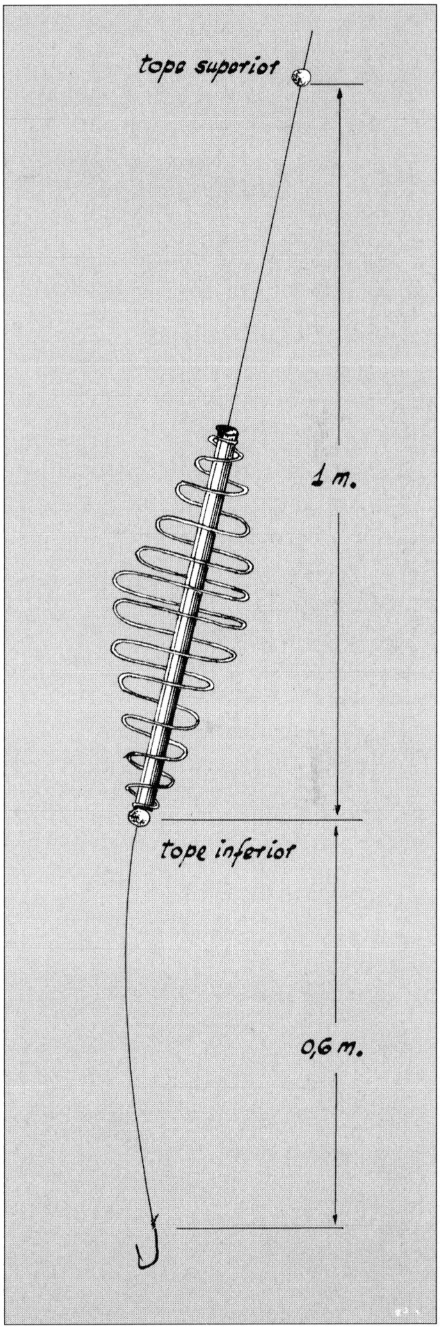

ESTIMACIÓN DEL PESO

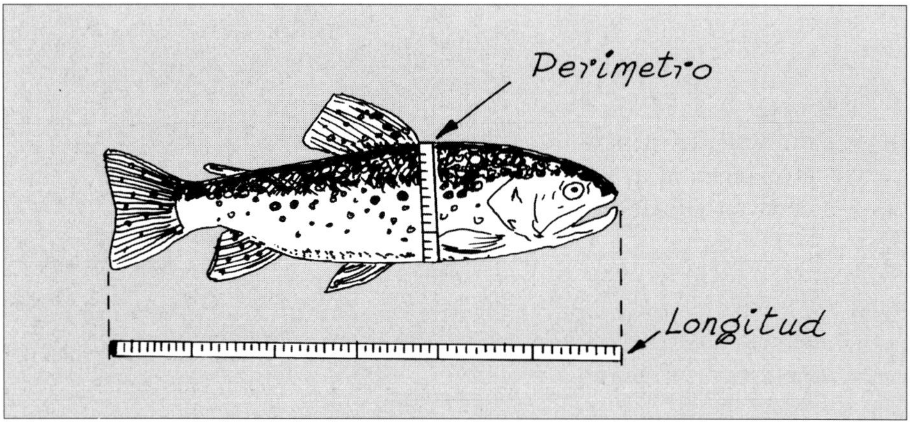

Existe una fórmula para conocer el peso de un pez sin necesidad de báscula; basta con saber su longitud y perímetro en cm. Para ello eleve al cuadrado la cifra del perímetro, multiplíquela por la longitud y divida el resultado obtenido por veinticinco.

Suponga que ha capturado una trucha de 22 cm. de perímetro y 36 cm. de longitud; de acuerdo con la fórmula $P^2 \times L : 25$, su peso será: $22 \times 22 \times 36 : 25 =$ 696 gr., redondeando, 700 gr. El error no suele ser superior a un 5%, en más o en menos.

NUDOS

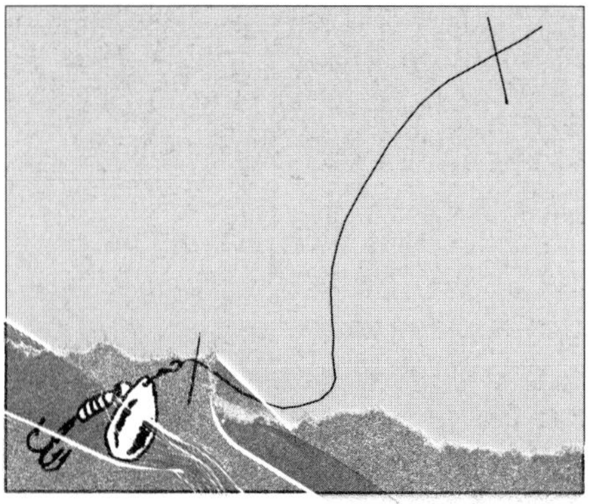

Cuando pesque con cucharilla rehaga el nudo de la misma y corte 30 ó 40 cm. del extremo de la línea después de una buena captura. La lucha con el pez puede debilitar extraordinariamente ese trozo de línea por el roce y las tensiones a las que ha estado sometido.

ANZUELO SIN MUERTE

Cuando esté pescando en una zona donde piquen peces pequeños, y piense devolverlos al agua, es mejor aplastar con un alicate la "muerte" del anzuelo.
De esta forma conseguirá que muchos se desenganchen solos, o les causará el mínimo daño al soltarlos.

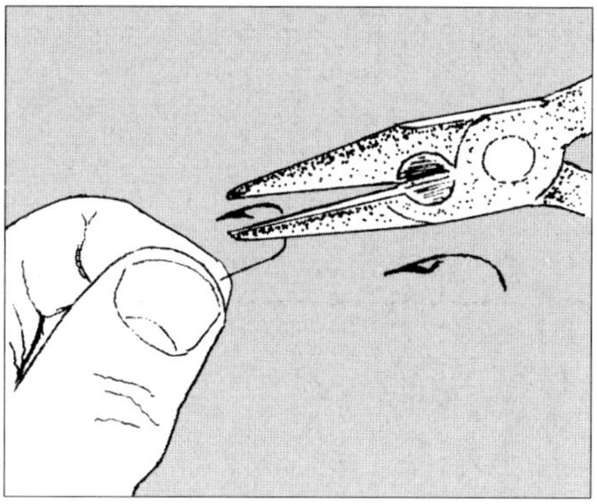

CAÑA LARGA

Pescando carpas o cualquier otro pez de fondo, la utilidad de una caña larga es evidente, pescará durante más tiempo en los fondos donde los ejemplares mayores se encuentran, y la corriente no le devolverá su flotador a la orilla de forma casi inmediata. Podrá manejar el pez con más facilidad y le cansará antes, ya que la mayor flexibilidad de la caña le ayudará a ello, así como evitar que busque las zonas con vegetación, que podrían ocasionar su pérdida.

ESGUÍN Y TRUCHA

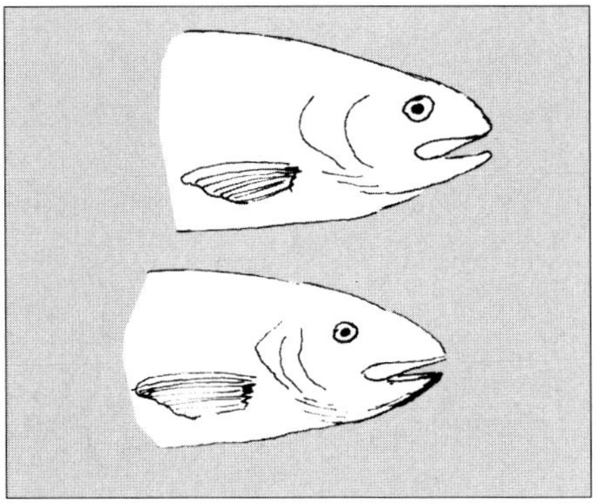

Es fácil y sencillo distinguir una cría de salmón, esguín, de una trucha; basta observar la posición de la mandíbula con respecto al ojo.
En el esguín está más adelantada; en la trucha, el final de la mandíbula y el ojo son casi coincidentes.

DIFERENTES SALMÓNIDOS

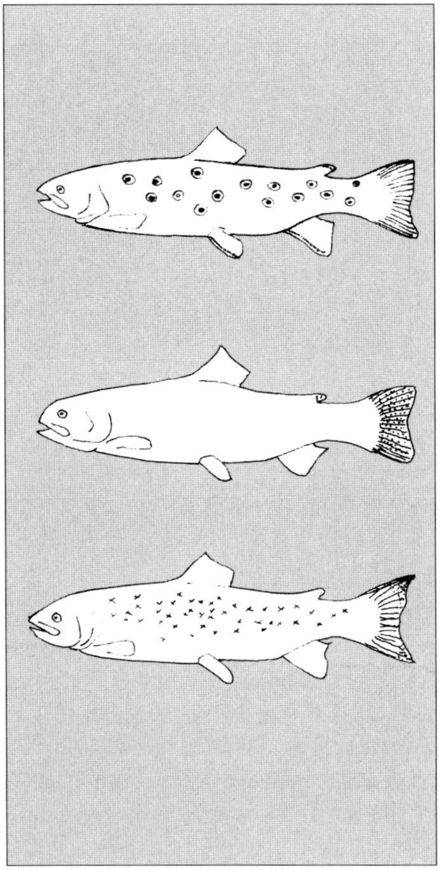

Si comienza a pescar truchas esta temporada, tal vez le sea útil conocer las características de las tres especies que habitan nuestras aguas: común, arco iris y reo. La primera se reconoce por el punteado rojo-naranja presente en sus flancos, la aleta adiposa bordeada del mismo color y las líneas blanco-negras que adornan las aletas ventrales y anal.
La arco iris, criada en piscifactoría, tiene la aleta caudal y la adiposa marcadas por pequeños puntos negros.
El reo, o trucha de mar, que sólo encontrará, por lo que a la Península se refiere, en los ríos de la vertiente cantábrica, es, como el salmón, una especie anadroma: vive en el mar y vuelve al río para el desove. Se reconoce fácilmente por su aspecto brillante, plateado, y por la presencia en sus costados de pequeños puntos negros, que a veces tienen la forma de la cruz de san Andrés. Sus aletas están decoloradas; sólo la adiposa conserva en el borde un tono rojo-naranja.

ACTIVIDAD DE LOS PECES

Aunque en el deporte de la pesca abundan más las excepciones que las reglas, una ojeada al barómetro puede en ocasiones indicarle si su día de pesca será bueno. Normalmente los peces tienen más actividad cuando la presión sube.

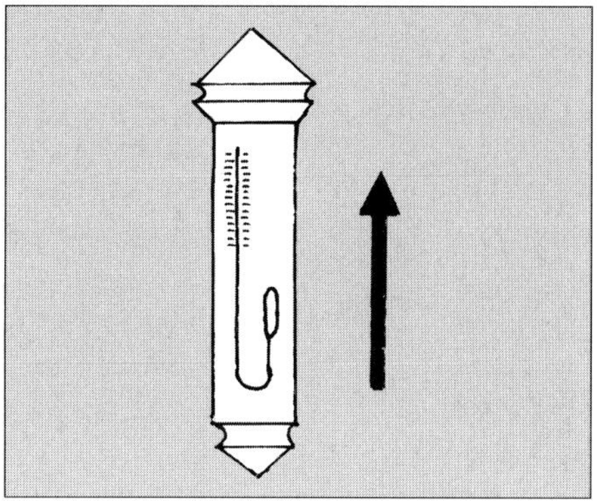

PLOMOS FINOS

Un hilo de fusible, o de soldadura fino, arrollado sobre un vástago de alambre de piano, tal como indica la figura, constituye un plomo que, atado sobre la línea, puede regularse fácilmente en altura y en peso. Basta quitar o añadir espiras.

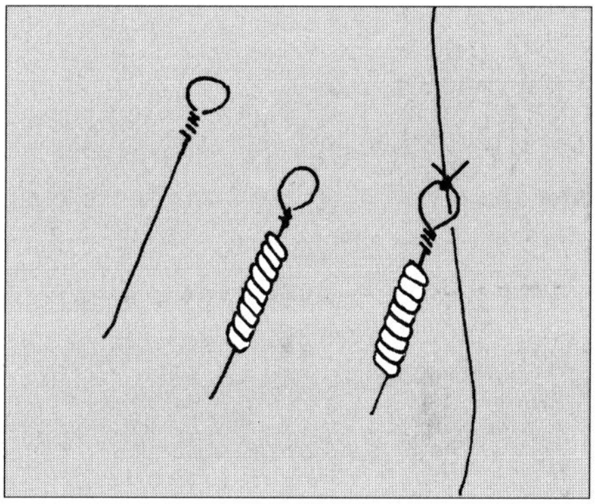

TÁCTICAS

Usted sabe que no puede acercarse a un pájaro o a cualquier otro animal no doméstico a una distancia inferior a la que el animal pueda sentirse en seguridad. Con los peces, y especialmente con las truchas, pasa lo mismo; por lo tanto procure caminar retirado del río y acérquese tratando de ser lo menos visible que pueda.

SUJECIÓN DE LAS ANILLAS

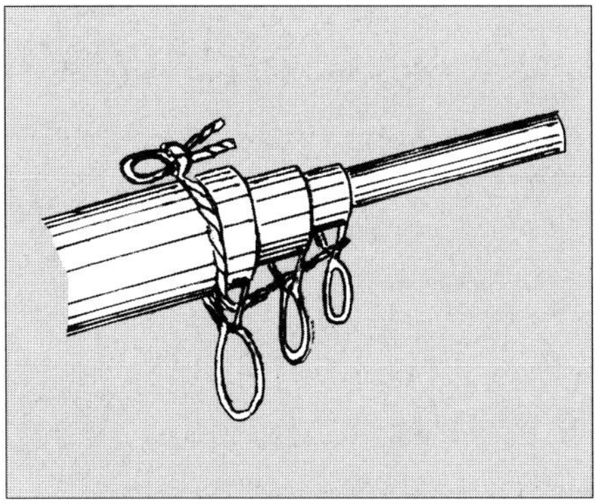

Si dispone de una caña telescópica y en un momento determinado quiere pescar con dos tramos menos, utilice la solución presentada en la figura; puede atar las anillas con un trozo de cuerda, un alambre, o mejor, con una escobilla de las utilizadas para limpiar pipas.

CONSERVACIÓN DE LOS PECES

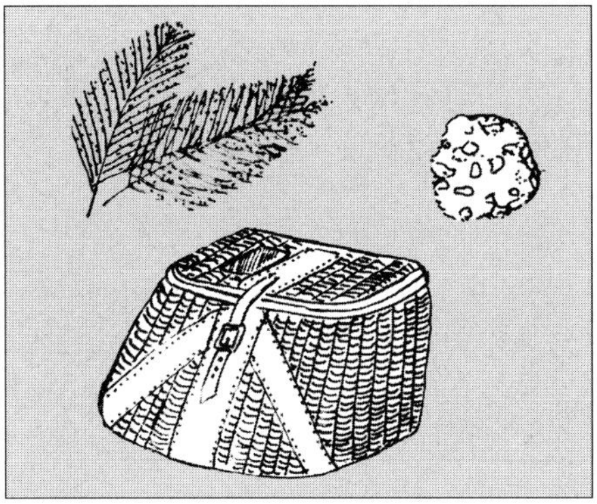

Es normal colocar en el fondo de la cesta unas capas de hojas de helecho, con ello se evita la suciedad, pero una esponja mojada conservará la humedad necesaria para que sus capturas, sobre todo en verano, no se sequen. Le servirá además para limpiar cualquier cosa.

BAJO DE ACERO PARA LA PESCA DEL LUCIO

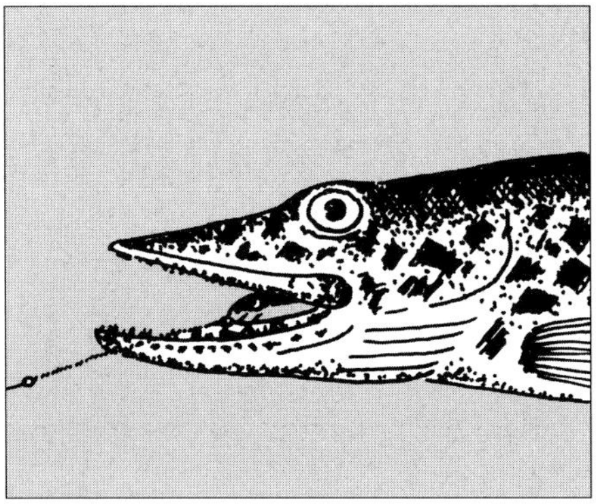

No deje nunca de colocar un bajo de línea de acero, no más largo de 20 cm., en el aparejo que utilice cuando pesque lucios. Los afilados dientes que este pez posee en ambas mandíbulas romperían, en caso contrario, la línea de nylon con extrema facilidad.

CANSANCIO DEL PEZ

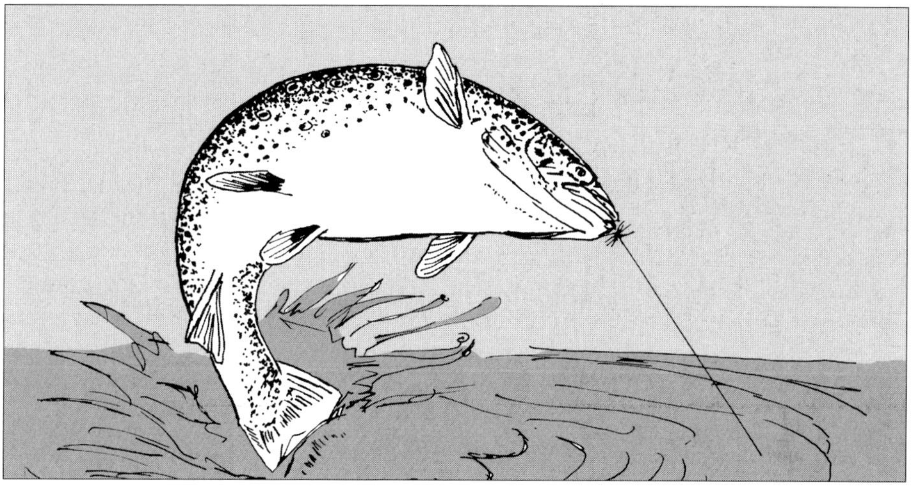

Un pez se cansa porque cuando está enganchado, el aporte de oxígeno a su organismo es menor, siendo sus necesidades mayores, y termina asfixiándose. Sea paciente, no ceda, pero no lo trate con brutalidad.

MANEJO DE LA SACADORA

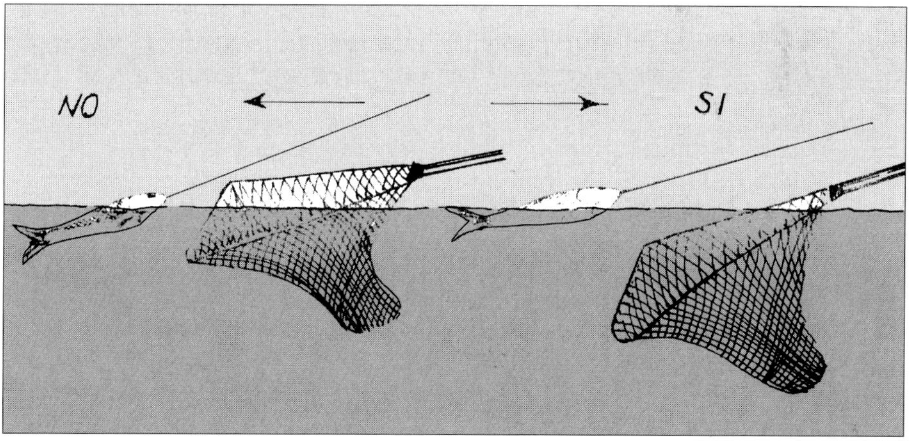

Uno de los errores más frecuentes al llevar un pez hacia la sacadora es mantener ésta demasiado alta.
La sacadora o salabre debe situarse bien debajo del agua y llevar el pez hacia ella, no al revés, tal como indicamos en la figura de la derecha.

PUESTOS DE TRUCHA

Una trucha buscará siempre un puesto cómodo; esto es, debe ofrecerle refugio, comodidad y aportación de alimento. La comodidad se la ofrece cualquier obstáculo que rompa la corriente. Trate de buscarlas en lugares que reúnan esas condiciones.

SITUACIÓN DE LOS PECES

Como regla general, se puede decir que los peces grandes permanecen la mayor parte del tiempo cerca del fondo. Un señuelo pequeño usado en esta zona probablemente capturará piezas más grandes que un señuelo grande utilizado en superficie.

LUBRICANTE PARA LAS VIROLAS

El grafito de un lápiz de mina blanda, tipo BH, es un lubricante excelente para las uniones de su caña de pescar. Previamente límpielas bien con alcohol para eliminar la grasa y suciedad que pudiera haberse depositado en ellas, y no utilice mucha cantidad.

DISPOSICIÓN DE LAS ANILLAS

Cuando compre su próximo equipo de pesca, o un nuevo carrete, tenga en cuenta que, para un rendimiento más eficaz, la bobina del carrete y la línea imaginaria que atraviesa el centro de las anillas de la caña deben ser perpendiculares.

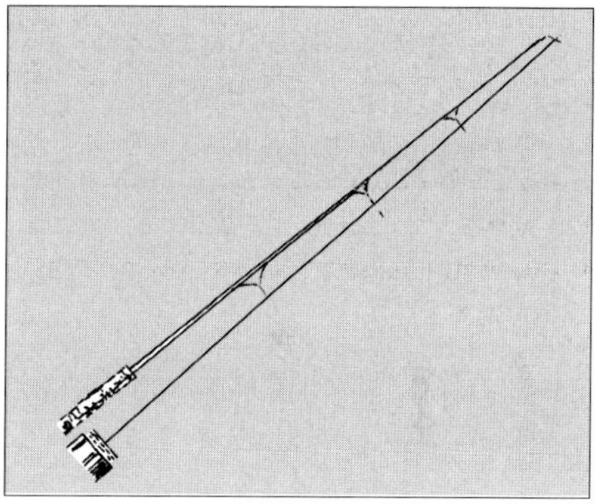

CEBADOR

A partir de un salero de plástico o cualquier otro recipiente similar, puede fabricar con gran facilidad un cebador para gusano, muy efectivo en aguas tranquilas. Cerciórese de que el lugar donde va a utilizarlo no está habitado por salmónidos. Está prohibido.

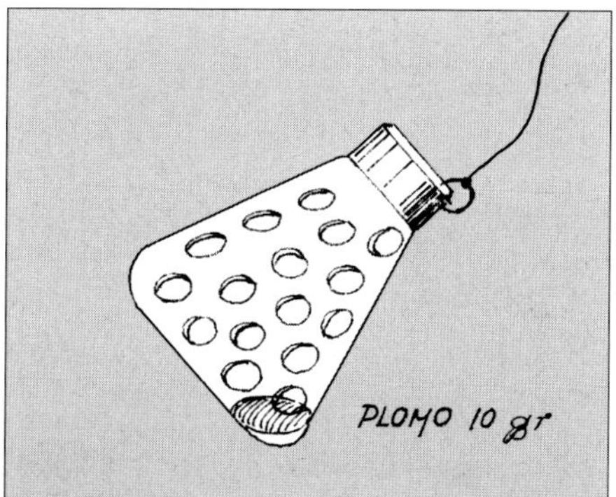

SITUACIÓN DEL BLACK-BASS

Una de las formas más efectivas de pescar el black-bass o perca negra es buscándolo con señuelos de superficie en todos aquellos lugares en que haya troncos o ramas sumergidas. Lance en sus proximidades y haga trabajar el artificial con ligeros tirones y paradas. La mayor parte de las veces, el black atacará al cebo cuando esté inmóvil.

CAMBIO DE LA LÍNEA

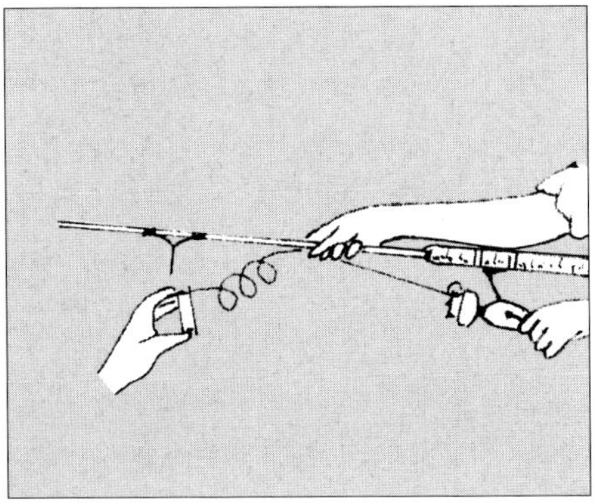

Cuando reemplace el nylon de su carrete, mantenga la bobina paralela a la cara frontal del mismo, si éste es de tambor fijo.
En caso contrario, retorcería el nylon una vez por cada vuelta, con el riesgo posterior de enredos y roturas.

DEVOLUCIÓN DE LA TRUCHA

Si pretende devolver al agua la trucha que acaba de capturar, bien por no dar la talla o por considerar que ya ha pescado suficiente, procure hacerlo sin sacarla del agua y, si es posible, sin tocarla; le dará muchas más posibilidades de sobrevivir.

APAREJOS

Si va a pescar anguilas, lleve preparados varios aparejos, fácilmente desmontables, que podrá recuperar tranquilamente en casa, cuando limpie el pescado. En caso contrario se verá en la necesidad de cortar y rehacer el aparejo cada vez que pesque una.

PESCA EN ORILLAS

No elimine por difíciles los lugares llenos de vegetación, con ramas casi tocando el agua, o de acceso complicado; suelen ser lugar de refugio, por tranquilos, de buenas piezas.

ZONAS DE PESCA

En muchos casos es más efectivo pescar desde la orilla que desde una embarcación; la prospección de las zonas que sirven de refugio a las víctimas de los predadores que buscamos hará que éstos confundan nuestros artificiales de una forma más natural.

El final del otoño, y concretamente el mes de octubre, es posiblemente la mejor época para conseguir los mayores ejemplares de black-bass, pescando casi sobre el fondo.
Utilice cucharas pesadas o lombrices de goma y muévalas muy despacio.

2. PESCA CON CEBO

AGUJA PARA ANZUELAR

Posiblemente sean muy pocos los lectores que desconozcan el uso de la aguja para anzuelar; es un tubo muy fino con un extremo cortado en bisel, que se introduce ligeramente en la punta del anzuelo. Es un accesorio útil y económico.

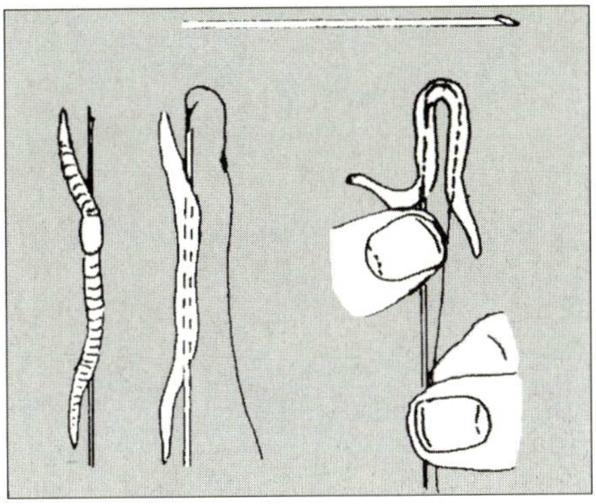

ANZUELO PARA PASTA

Una buena solución cuando pesca con cualquier tipo de pasta, y para evitar que ésta se desprenda del anzuelo, consiste en fijar un pequeño espiral de alambre a lo largo del vástago del mismo.
Puede usar cualquier tipo de alambre, fijándolo a la anilla y al final del vástago.

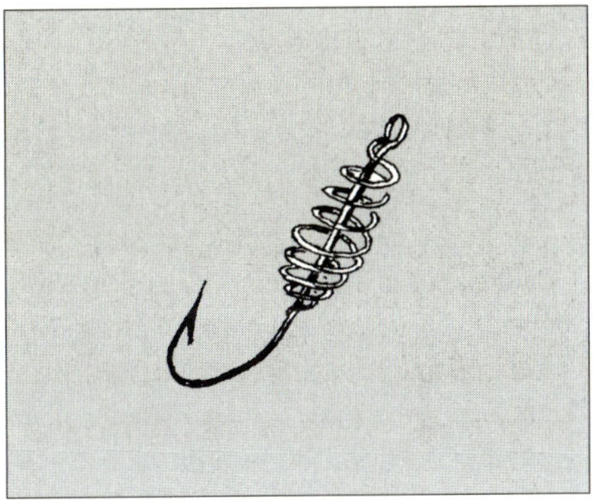

CAPTURA-GRILLOS

Los grillos son un cebo excelente, tanto para truchas, barbos o black-bass; y el pan con azúcar un cebo de primera clase para los grillos. Ponga un trozo de pan con algo de azúcar cubierto con un trapo a últimas horas de la tarde. Haga la cosecha por la mañana.

RANA

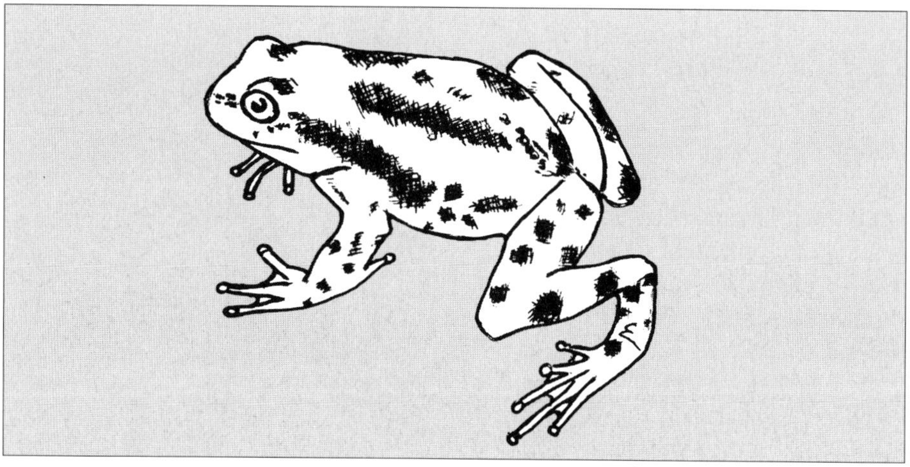

La rana viva, utilizada como cebo para la pesca del lucio o del black-bass, es difícil de manejar debido a su vigor y a la facilidad que tiene gracias a sus patas para enredar la línea o engancharse al fondo; sin embargo, puede usarse siempre que tengamos en cuenta las precauciones siguientes:

- No lance el cebo cerca de ramas o hierbas.
- Sáquela del agua de vez en cuando, la rana es un animal de respiración pulmonar, y necesita respirar aire; si no sale del agua, acaba ahogándose.
- Utilice una línea sensible, pero pesada; el plomo, a 10 ó 20 cm. del anzuelo.
- Utilice un anzuelo tipo imperdible sujeto bajo la piel de la espalda o uno simple en una de las patas.

MONTAJE DE LA RANA

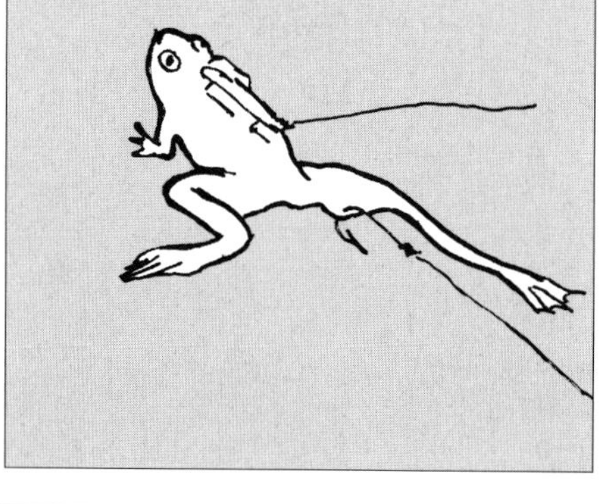

En la "Sugerencia" anterior decíamos cómo se debía utilizar la rana viva como cebo, incluso la forma de fijar los anzuelos; presentamos ahora tanto la colocación del anzuelo simple como el imperdible.

FLOTADOR ESPECIAL

La trucha, al igual que otros muchos peces, tiene preferencia por los puestos protegidos, donde hacer llegar un cebo es difícil. Puede resolver esta dificultad utilizando un flotador provisional, que consiste esencialmente en un pequeño trozo de poliestireno, usado en embalaje, al que se le practica una pequeña hendidura para sujetar la línea. Déjelo derivar hasta la zona donde desee pescar, dé un pequeño tirón para desprenderlo, y el cebo se presentará de forma natural.

CONTENEDOR PARA CEBO VIVO

Un bidón de plástico, al que se le hayan hecho una serie de agujeros en uno de sus lados, es el recipiente ideal para mantener en condiciones sus cebos vivos. Ate una cuerda al asa y sumérjalo de vez en cuando: el agua se renovará y mantendrá sus cebos en buen estado.

MONTAJE DE PEZ MUERTO

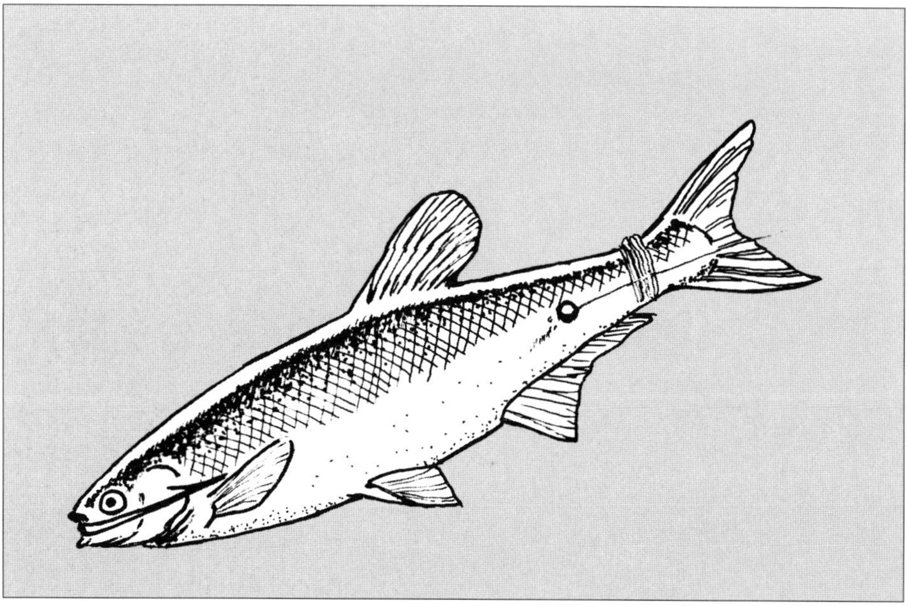

El montaje de pez muerto que presentamos en la figura es de los más eficaces cuando se pesca en pozas y zonas profundas. La técnica es muy simple: consiste en levantarlo hasta casi la superficie y dejarlo descender por su propio peso una y otra vez. Utilice para el montaje una aguja de anzuelar.

BOLSA PARA CEBADO

Una bolsa de malla, de las utilizadas para empaquetar naranjas, llena de desechos de pescado: cabezas, vísceras, etc., sirve perfectamente para cebar un puesto de pesca, sobre todo en el mar. Puede sumergirla mediante una cuerda o dejar que repose en el fondo. En este caso, añada algo de lastre.

"BOILLIES"

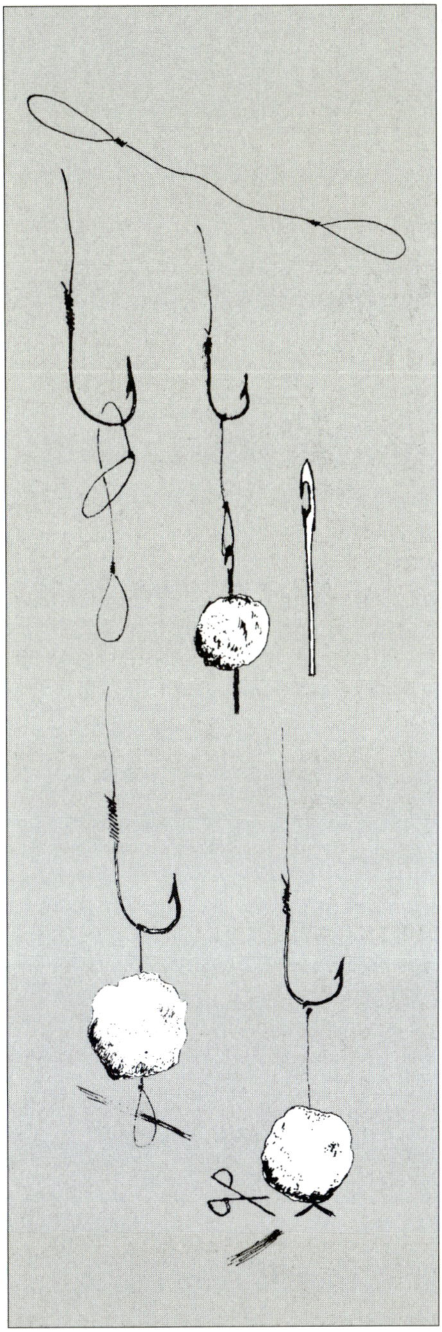

Una de las más eficaces formas de pescar carpas actualmente es mediante el uso de las bolas precocinadas, técnica que tuvo su origen en Inglaterra, posteriormente pasó a Francia y desde hace relativamente poco tiempo ha comenzado a practicarse en España. Uno de los montajes más efectivos es el mostrado en la figura, fácil de realizar con una aguja de ganchillo.
Confeccione en un trozo de nylon fino o de hilo de algodón dos lazadas corredizas, sujete una a la curvatura del anzuelo y la otra al ojo de la aguja, después de haber atravesado el cebo; sujete éste mediante unas hierbas, un palillo, o mejor un trozo de papel celofán, corte el sobrante, y a esperar que piquen. Si alguna bola cae al agua no puede decirse que esté cebando.

SUJECIÓN DEL SALTAMONTES

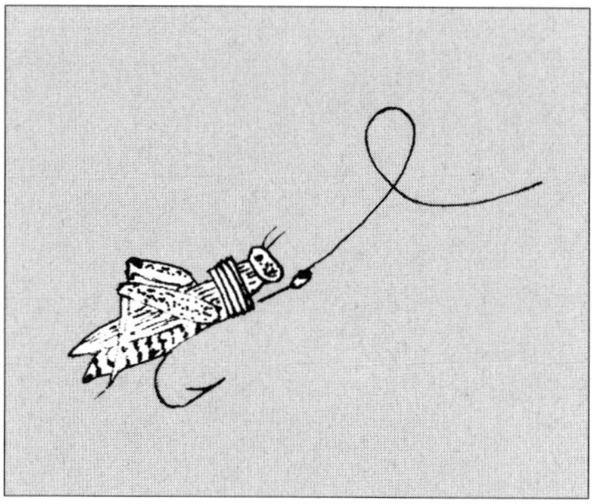

Si entre los procedimientos que usa para pescar truchas o barbos figura el saltamontes, la próxima vez que lo utilice, en lugar de pincharlo, átelo al anzuelo tal como puede ver en la figura. Use un anzuelo de vástago largo.

MONTAJE DE PLOMO

Pescando con lombriz "al tiento", lo más adecuado es no usar plomada. Pero en ocasiones, con exceso o falta de corriente en el río, es necesario para que el cebo se mueva a la profundidad adecuada. Móntelo en derivación, según puede ver en la figura, y enganchará menos.

PRESENTACIÓN DEL PEZ VIVO

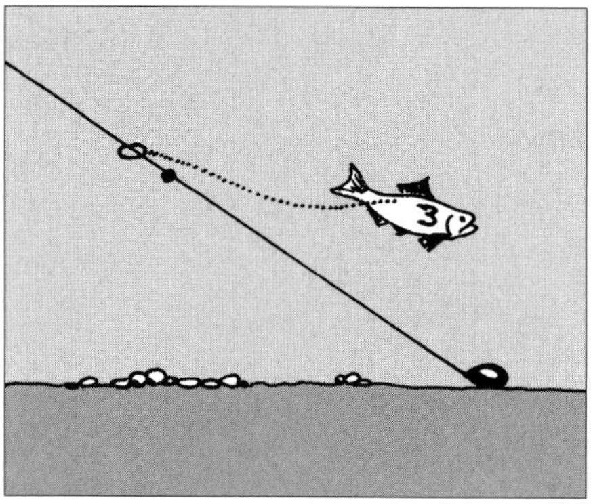

Una buena forma de presentar un pez vivo es la indicada en la figura; primero se lanza la línea; después, mediante un anilla o un emerillón que se introduce en ésta, se deja deslizar el cebo. Un pequeño plomo servirá de tope para pescar a la profundidad deseada.

MONTAJE PARA GAMBA

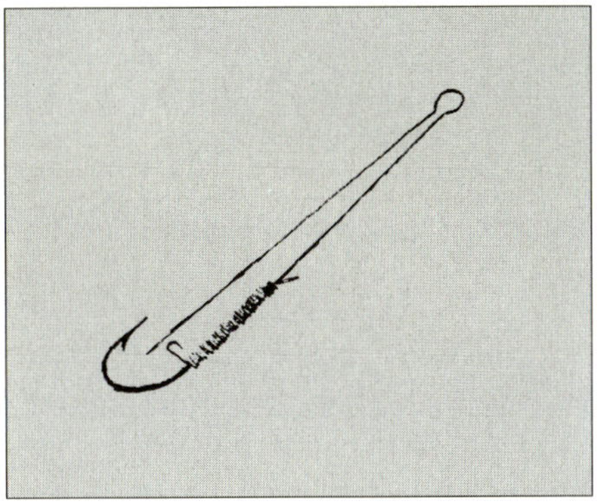

Un alambre de acero, cuerda de piano, colocado tal como se indica en el dibujo, constituye un montaje de primera clase para pescar con gamba.
Si quiere dar mayor solidez al conjunto, aplíquele unas cuantas vueltas con hilo de nylon fino.

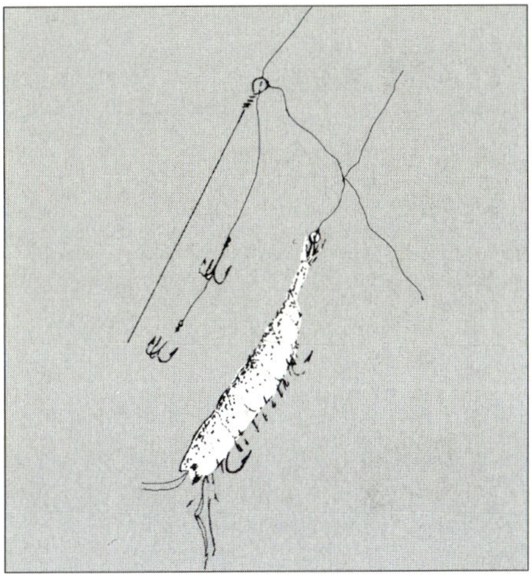

Cuando pesque con gamba o quisquilla, el accesorio que ilustra la figura puede resultarle muy útil.
Consiste en un simple hilo de acero, cuerda de piano, de tres décimas, al que se le ha hecho una anilla.
Ensarte la gamba o quisquilla en el alambre, pase la línea con el anzuelo o anzuelos a través de la anilla y sujete la gamba con el trozo de hilo, dacrón, nylon o cualquier otro que habrá fijado a la anilla del alambre. El montaje permite lanzados que, en otro caso, desprenderían el cebo.

MOSCA COMBINADA

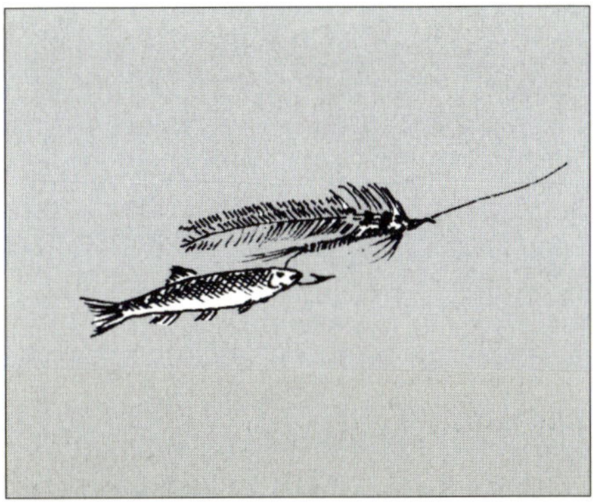

Una combinación que suele dar buen resultado pescando black-bass es el uso de una mosca tipo streamer y un pececillo muerto.
Lance el cebo cerca de las orillas y recoja paralelo a ellas, haciéndolo subir y bajar a intervalos cortos e irregulares.

RECIPIENTE PARA CEBO VIVO

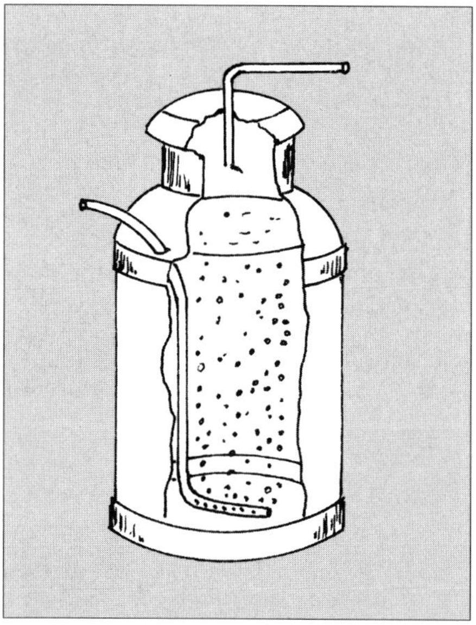

Un procedimiento para mantener vivos y en actividad los peces que vaya a utilizar como cebo es utilizando una lechera metálica tal como la representada en la figura.
Conecte el tubo colocado en la parte superior a la admisión del motor de su coche o furgoneta, de forma que el vacío que se produce fuerza la entrada de aire por el tubo colocado en una de las partes laterales.
Ponga especial cuidado en asegurarse de que todas las conexiones y la tapa sean perfectamente herméticas.

MONTAJE DEL PEZ VIVO

Una forma de mantener un pez vivo en perfectas condiciones durante bastante tiempo es la representada en la figura; pase el bucle del bajo de línea a través de las agallas del pez hasta que la curva del anzuelo quede sujeta contra la comisura de la boca del mismo. Sujete la línea a la cola del pez con un elástico pequeño.
El pez podrá nadar libremente y presentará un aspecto natural.

LAMPREHUELA

La lamprea y la lamprehuela son dos peces parásitos, que gracias a su boca circular hacen presa en truchas y salmones, viviendo a su costa. En Galicia es muy apreciada gastronómicamente, y se pesca en el Miño con nasas, cestos y butrones.
Pero, a pesar de su aspecto repulsivo, constituye un cebo de primera clase. Recoja las más pequeñas, pasando la arena del río por un cedazo.

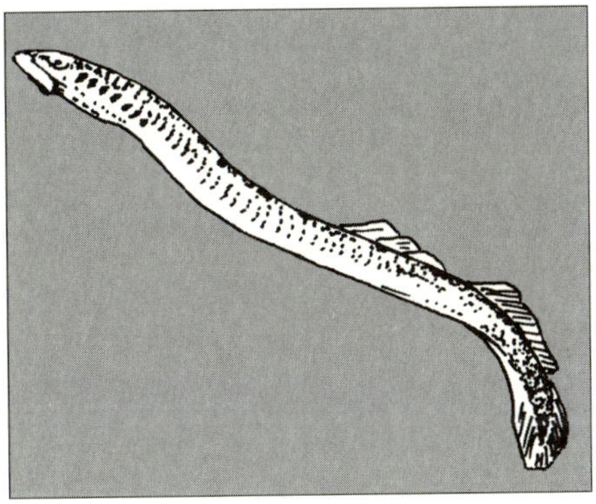

MONTAJE PARA FONDO

Muchos peces, entre ellos las tencas, acostumbran comer lo que encuentran en el fondo. El montaje que presentamos es el ideal para estos casos. Plomo y cebo reposan en el fondo. Cuando el pez muerde, el flotador no se hunde, quedará horizontal sobre el agua.

CAÑA CEBO

Para pescar con cebo natural en zonas con vegetación abundante, donde para avanzar es necesario desmontar la caña, lo más práctico es el uso de una telescópica con anillas provista de un pequeño carrete giratorio; elija el modelo más pequeño que encuentre.

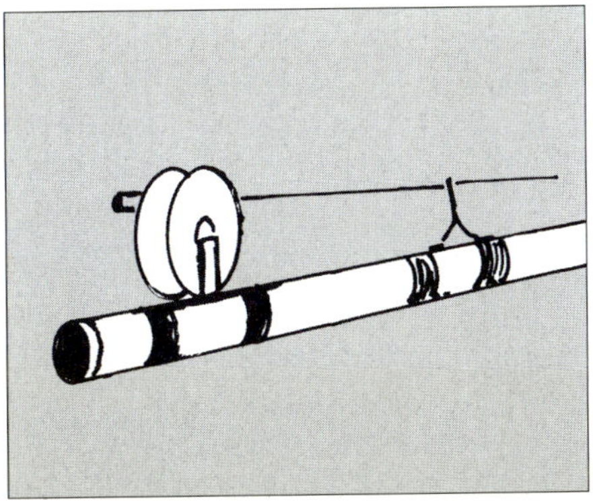

LUGARES PROPICIOS

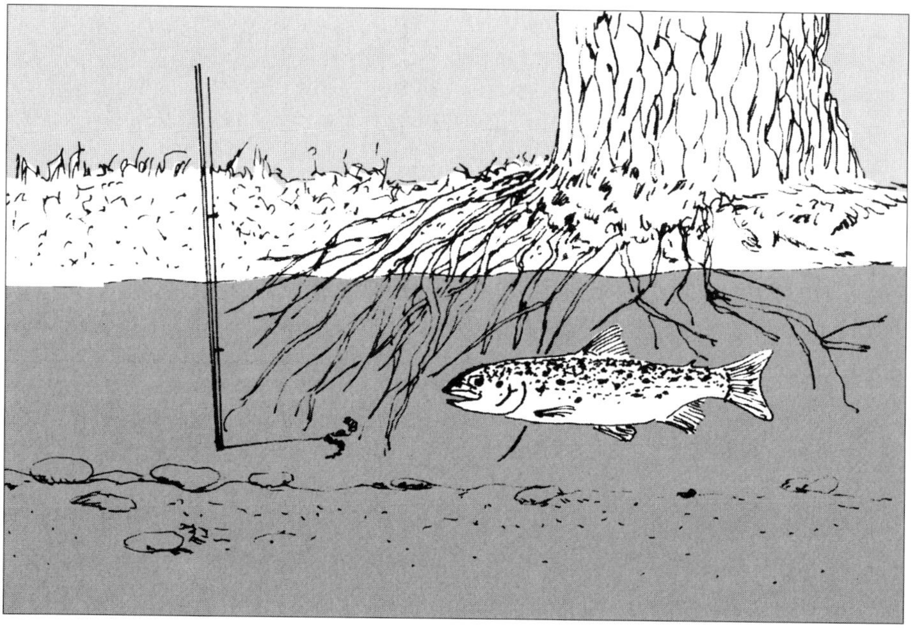

Un lugar de preferencia para truchas y otros peces son las raíces de los árboles descubiertas por el agua y sumergidas. Si pesca con lombriz, introduzca la puntera de la caña en el agua y pasee la lombriz muy cerca del fondo.

3. CEBOS

PESCA CON LOMBRIZ

La próxima vez que pesque con lombriz, use un anzuelo pequeño, fino, del número 10 ó 12, pinche la lombriz una sola vez dejando salir la punta del anzuelo y cámbiela por otra tan pronto como no presente un aspecto vivo.
Utilícela, si ello es posible, siempre que la corriente no sea demasiado fuerte, sin ninguna clase de plomo; pesque lanzando aguas arriba y recuperando a la misma velocidad de la corriente. Cuando sienta la picada, deje al pez comer durante unos segundos antes de clavar.

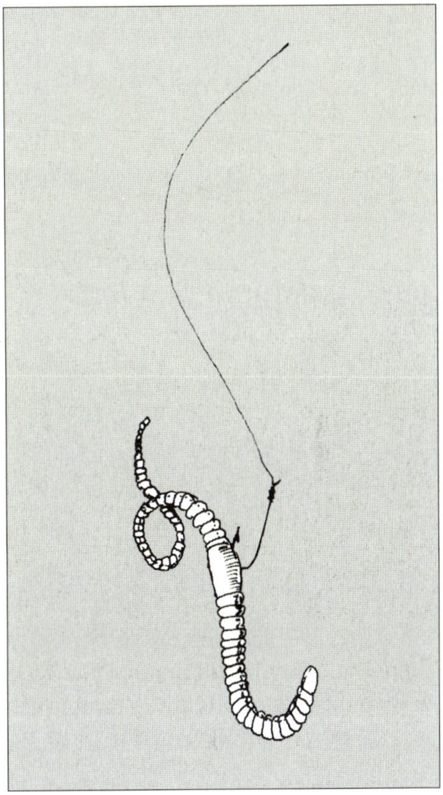

CONSERVACIÓN DE LAS LOMBRICES

No tire las lombrices que no haya usado durante su día de pesca; puede echarlas en una jardinera de su terraza, y además de servirle para airear la tierra de sus plantas, puede tenerlas en reserva para cualquier día que no disponga de cebo.

MONTAJE DE PEZ MUERTO

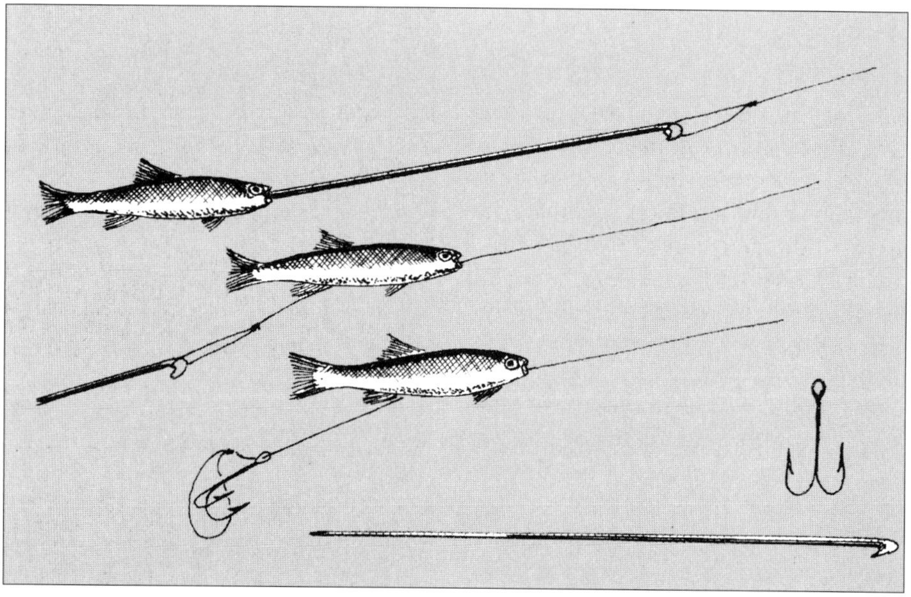

Una aguja de las utilizadas por su mujer para hacer "ganchillo" constituye el accesorio ideal para montar un cebo de pez muerto cuando se pesca al tiento. Utilice un anzuelo doble, o quítele la patilla soldada a uno triple.

GRILLO

El grillo es un cebo excelente, tanto para la trucha como para otros peces. Sin embargo, a veces es necesario moverlo cerca del fondo para que las picadas se produzcan. Añada un par de pequeños plomos a su línea a 30 cm. del anzuelo.

RECOLECCIÓN DE LOMBRICES

Una forma rápida de recolectar lombrices en tiempo húmedo es usando dos electrodos de varilla de hierro conectados a la batería de su coche. En el lugar donde suponga que hay lombrices, clave uno, y el otro vaya clavándolo alrededor hasta que las lombrices salgan.

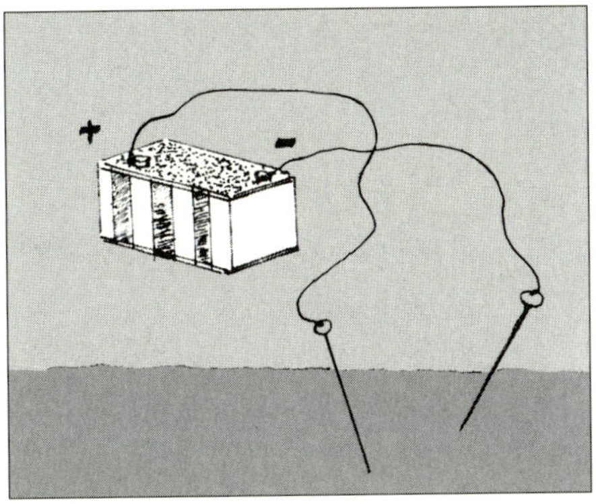

NASA

Una botella de plástico de litro y medio puede transformarse en una nasa excelente para capturar pececillos que nos pueden servir posteriormente como cebo.
Basta para ello modificarla de acuerdo con las instrucciones de la figura.

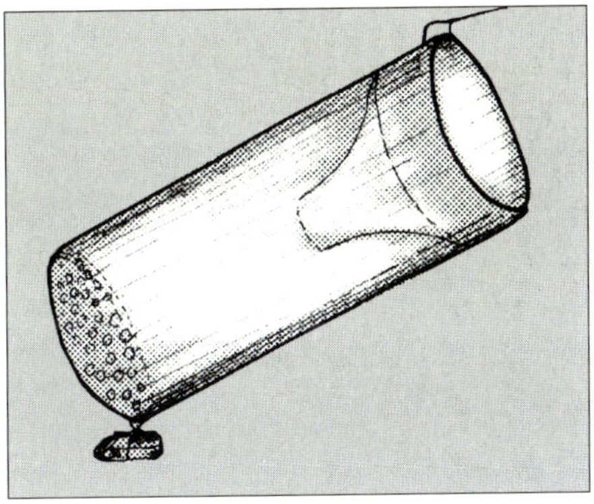

SUJECIÓN DE LA LOMBRIZ

Si sujeta un anzuelo pequeño, tres o cuatro cm. por encima del normal, podrá mantener su cebo de lombriz en perfectas condiciones durante mucho tiempo.
Es una variante de la conocida montura "Steward", que utiliza dos anzuelos iguales.

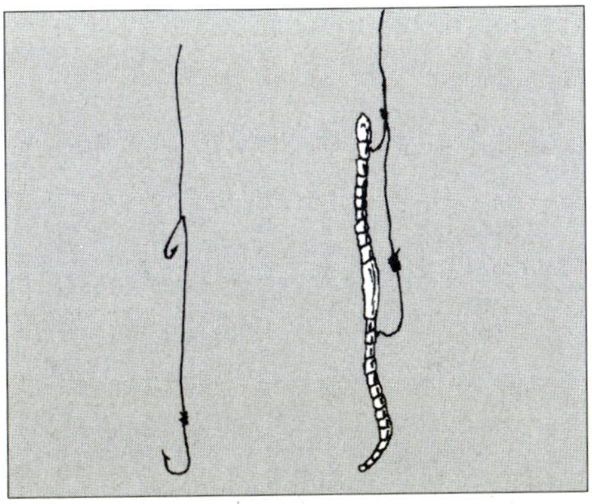

PEZ VIVO

Cuando pesque con pez vivo, corte ligeramente la parte superior de su aleta caudal; esto le dará a sus movimientos el aspecto de encontrarse en dificultades, siendo de esta forma presa más apetecible para cualquier depredador.

GUSANOS DE MAR

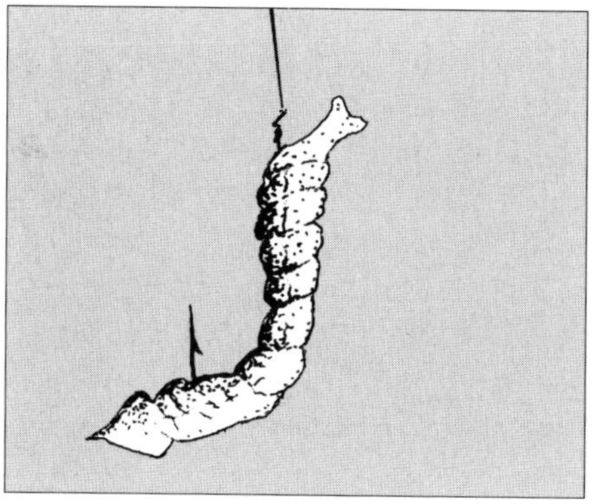

La "Ofelia", *Ophelia radiata*, es un pequeño gusano de arena, más fino que la "Nereida" o "Arenícola", 5 mm. de grueso por 5 ó 6 cm. de largo, que es un cebo excelente para la pesca de mar y que se conserva perfectamente en arena húmeda. Búsquelas en la zona límite de la marea.

MONTURA PARA PEZ

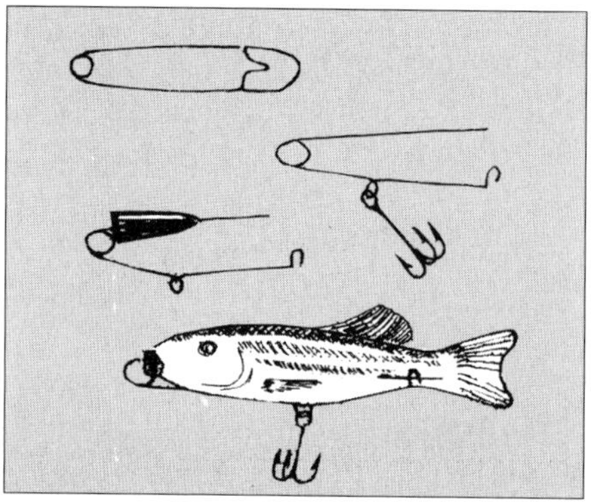

Una forma fácil, simple y sobre todo económica para hacer una sencilla y eficaz montura para pez muerto. Todo lo que necesita es: un imperdible, la mitad de un plomo tipo oliva perforado, un anzuelo triple, un alicate, y tal vez, aunque no es imprescindible, un poco de habilidad.

GUSANERA

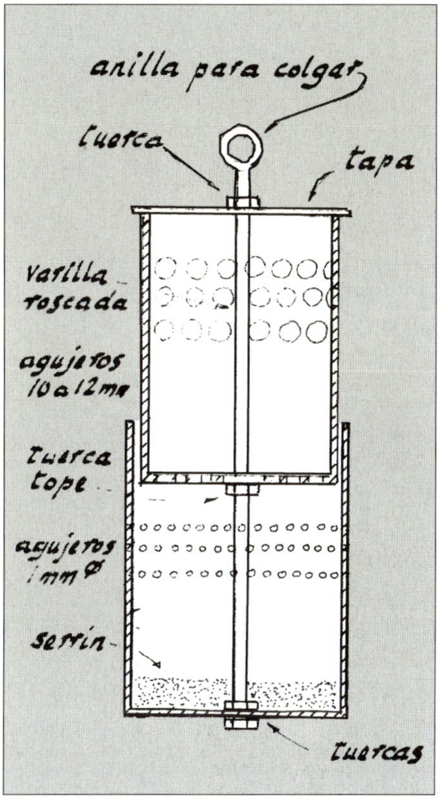

Ésta es la sección de una caja para criar gusano blanco o "asticot", también llamado "asticotiera", que puede construir fácilmente a partir de un par de botes de pintura grandes.

La caja superior tendrá agujeros de 10 mm. en la parte inferior y los laterales para permitir que las moscas dejen sus huevos; los agujeros de la inferior no deben ser mayores de 1 mm. para permitir la circulación del aire. Ponga en la superior desechos de carne y cuélguelo a la sombra en lugar abierto. En pocos días tendrá gusanos en la caja inferior.

CEBO VIVO

La mejor forma de presentar un cebo vivo es mediante una pequeña anilla de goma; sujete un anzuelo triple de tamaño adecuado a dicha anilla.

El cebo durará más tiempo y tendrá un aspecto más natural.

PESCA DEL LUCIO

El lucio ataca a sus presas de costado, luego les da la vuelta y las engulle por la cabeza. Téngalo en cuenta a la hora de colocar los anzuelos sobre el pez que va a utilizar como cebo.

GUSANOS VIVOS

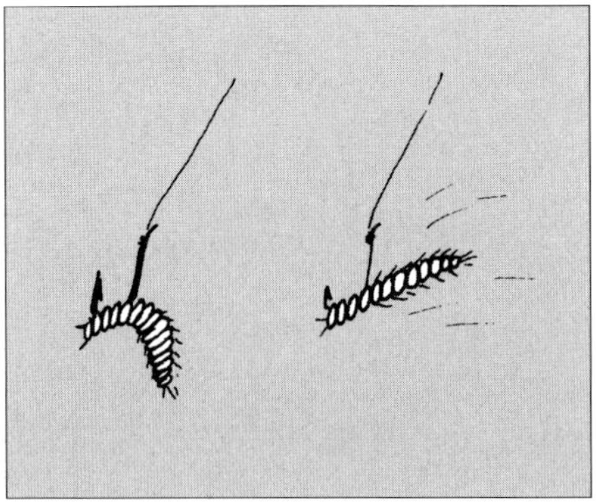

Si pesca con cebos vivos, utilice anzuelos muy finos. Los reconocerá por su nomenclatura "1X, 2X ó 4X FINE". Le ayudarán a mantener el cebo con vida y por tanto mucho más incitante durante más tiempo.

ERMITAÑO

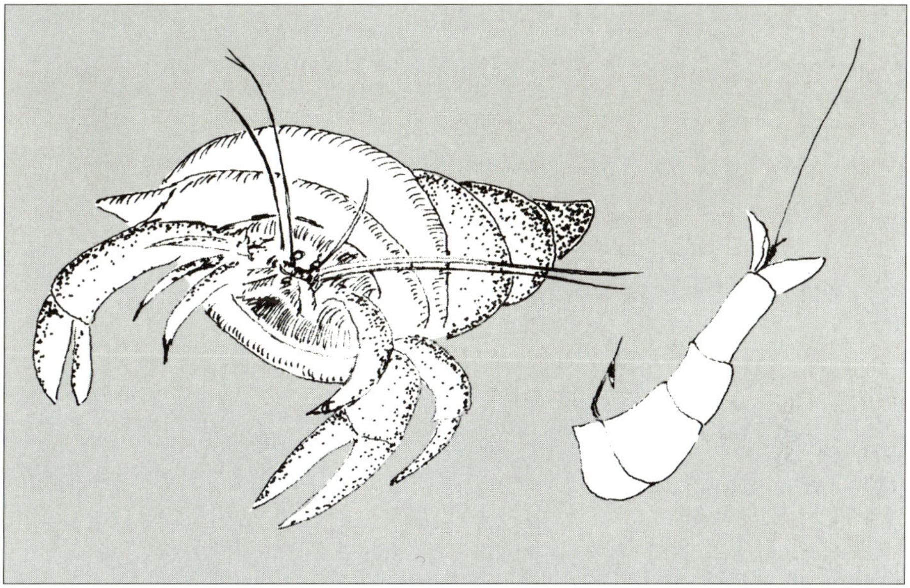

El cangrejo ermitaño, o simplemente "ermitaño", así conocido por alojarse en la primera concha que encuentra, es un cebo excelente para todas las especies marinas; desprovisto de su concha, naturalmente.
Búsquelos entre las piedras, donde haya vegetación en marea baja, o espere la llegada de los pescadores al puerto.

FLOTADOR "POPPER"

Si pesca con flotador en una zona que pueda tener de forma accidental black-bass, use en lugar de aquél, un pez flotante del tipo "popper"; podrá darle la sorpresa de enganchar algún black. Debe moverlo a intervalos largos y ligeramente.

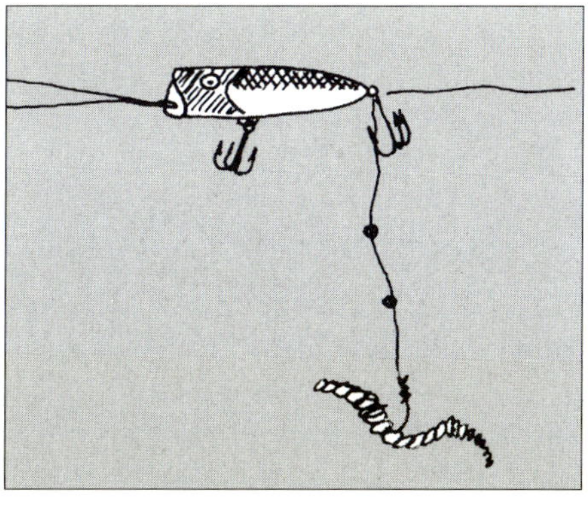

4. PESCA CON SEÑUELO

CUCHARILLA Y CEBO VIVO

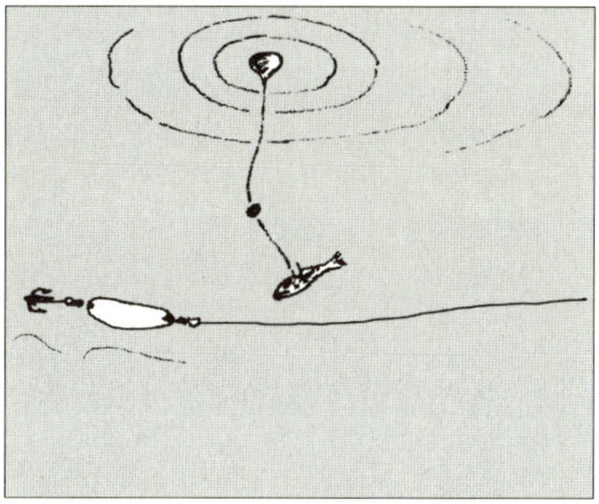

Si está pescando con pez vivo, puede ser interesante lanzar una cucharilla haciéndola pasar cerca de donde éste se encuentre. Es posible que el pez la siga sin morderla, pero probablemente atacará al cebo vivo cercano.

MODIFICACIÓN DEL "POPPER"

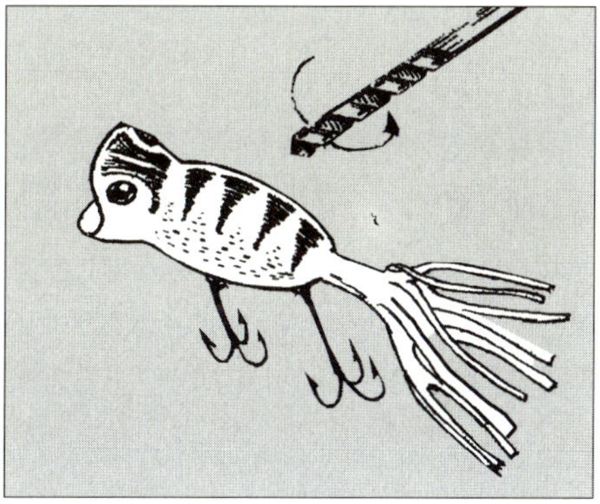

Aunque el "popper" está diseñado para pescar en superficie, puede utilizarlo a medias aguas, introduciéndole perdigones. Tape los agujeros con "Araldit".

CUCHARA IMPROVISADA

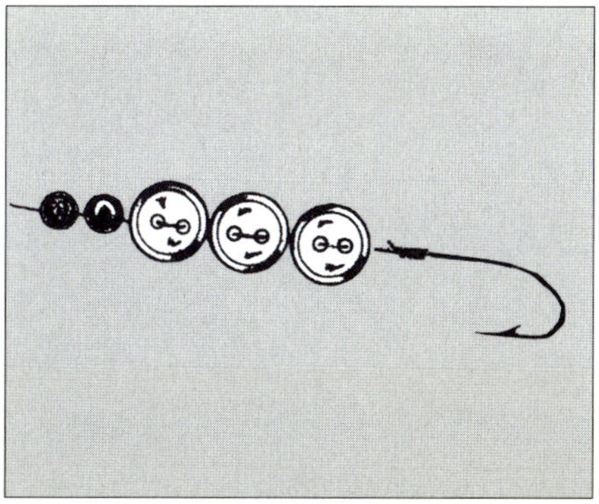

El día que por cualquier causa se haya quedado sin cucharillas, y quiera seguir pescando, pruebe a hacerlo con tres botones de su camisa, montados según la figura.

PEZ ARTIFICIAL

Podrá pescar utilizando un pez artificial flotante tan cerca del fondo como desee usando el simple mecanismo que puede observar en la figura. Utilice cuerda de piano y un plomo adecuado al fondo que pretenda pescar.

CUCHARA SIN ANZUELO

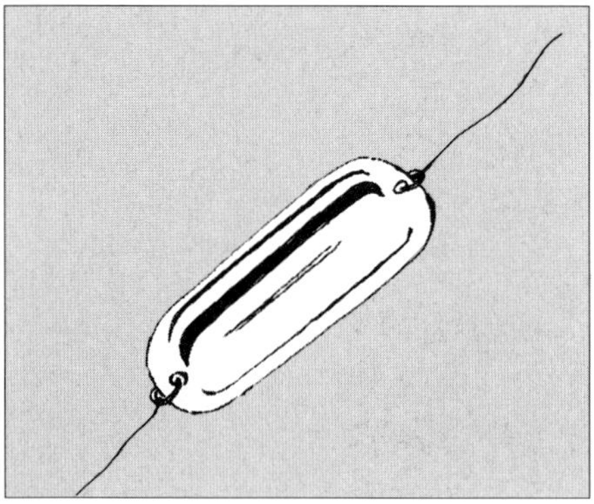

Algunas cucharas para pesca no tienen anzuelos, son los "dodgers", y suelen usarse delante de un cebo para atraer al pez con sus reflejos y vibraciones.
Una función semejante realiza el "teaser" cuando se pesca al curricán de superficie desde embarcación.

CUCHARA TÁNDEM

Un montaje de dos cucharillas giratorias es útil para pescar en cauces anchos de corriente rápida; permite lances más largos, y ofrece menor resistencia que una sola a igualdad de peso. Si las paletas son distintas, coloque la mayor detrás.

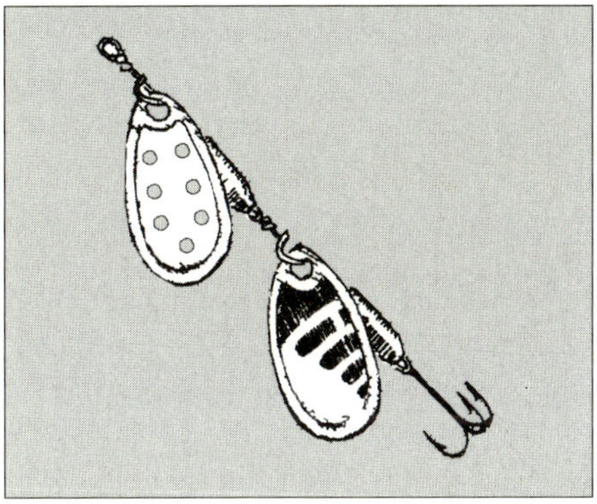

¿Ha probado a pescar con un tándem formado por una cucharilla giratoria y otra ondulante?
Los resultados suelen ser sorprendentes, sobre todo cuando se trata de lucio y black-bass.
Utilice una giratoria oscura y ondulante niquelada.

CUCHARA SIMPLE

Puede construir una cuchara simple, barata y eficaz siguiendo las indicaciones de la figura adjunta. Basta un trozo de chapa fina, a la que se le practican tres agujeros, en el central se inserta un plomo redondo, y las aletas de la cola se doblan en sentido inverso. Coloque un emerillón en el agujero delantero y píntelo a su gusto.

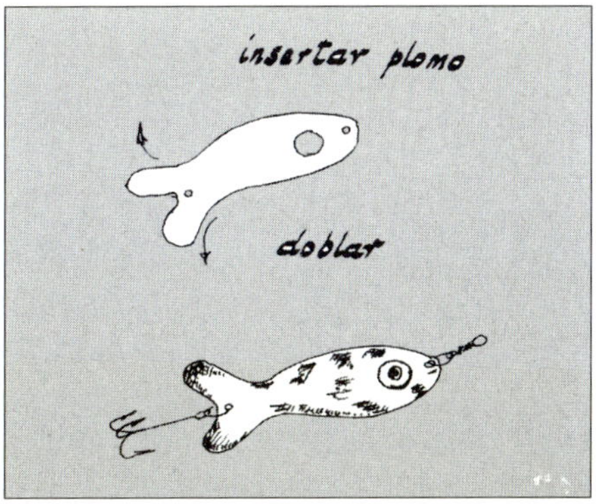

"SPINNERBAIT"

¿Ha usado alguna vez los "spinners" para black-bass? El rendimiento pescando en superficie es extraordinario. Debe manejarlos de forma que la cucharilla rompa la superficie del agua, mientras el anzuelo, provisto de unas finas láminas de goma, lo hace por debajo.

ABERTURA ANZUELO EN "POPPERS"

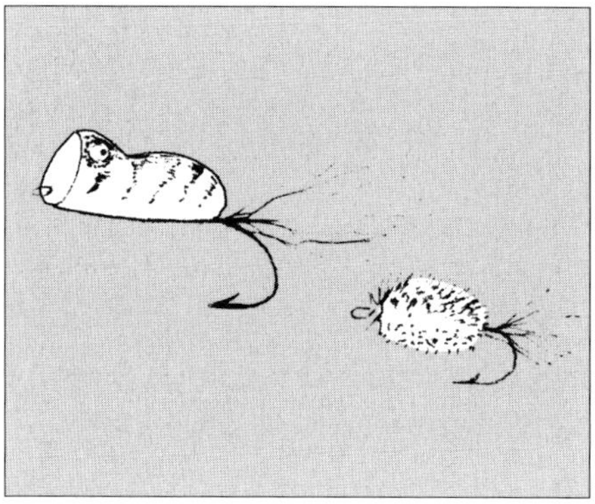

Al comprar "poppers" para black-bass, bien sean de pelo, corcho o cualquier otro material, compruebe que la abertura del anzuelo sea lo más amplia posible.
El caso que presentamos en la figura es bastante común en los fabricados con pelo de ciervo.

"POPPER"

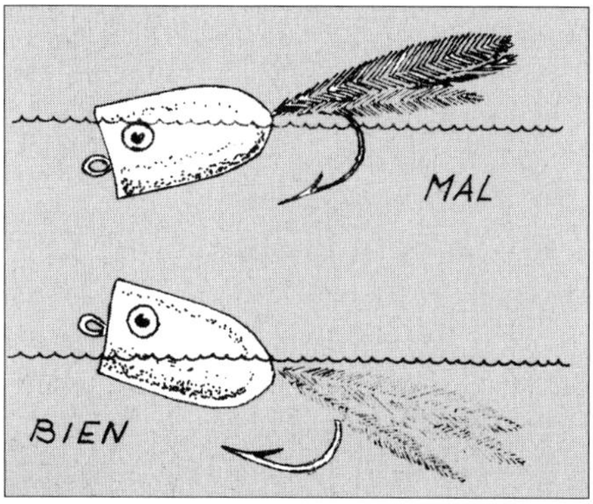

El "popper" es un artificial muy efectivo pescando en superficie; sin embargo, hay ocasiones en que no da resultado. La causa puede ser que no esté bien equilibrado, debido a la mala conformación del mismo. Compruebe antes de usarlo la posición que adopta en el agua.

CUCHARA PESADA

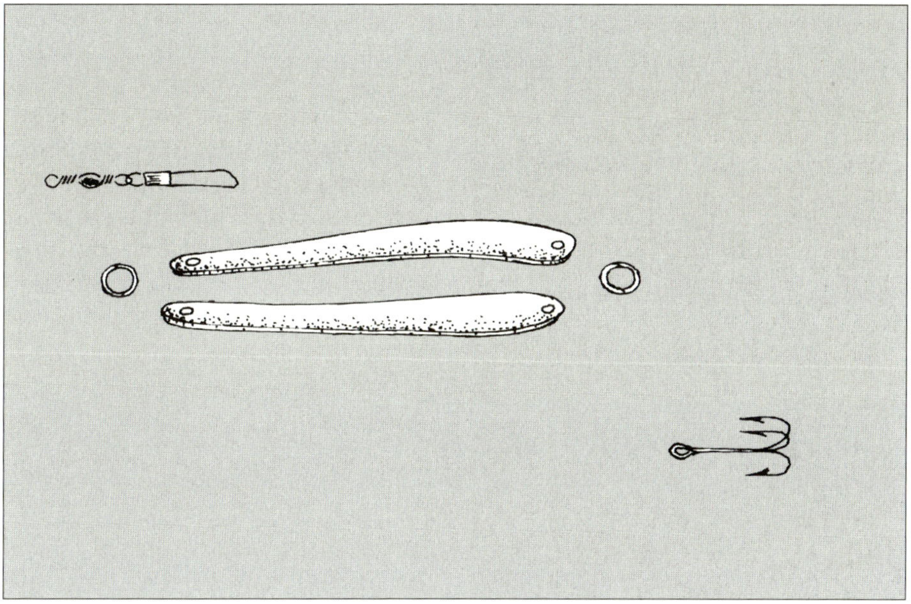

Si desea pescar muy a fondo, o más lejos de donde su cuchara le permite, puede colocar un plomo en la línea, o resolverlo mediante el montaje de dos ondulantes iguales según la forma indicada en la figura.

USO DE ANZUELO

En ocasiones es más útil el uso de un anzuelo simple, en una cucharilla ondulante, que el triple que usualmente lleva. Podrá pescar a fondo, enganchando menos.

CUCHARILLA

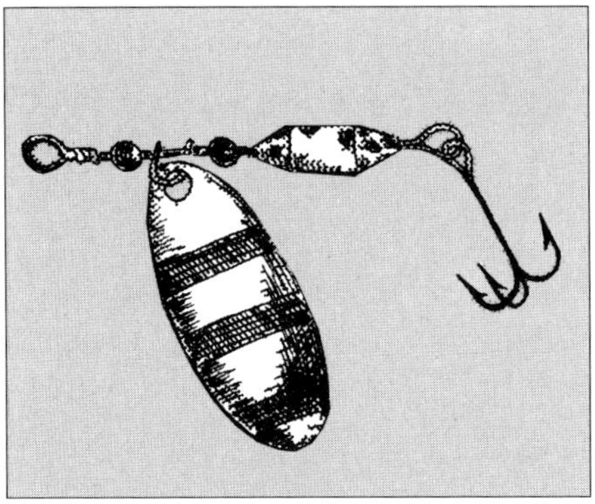

Cuando esté pescando con cucharilla y observe que el pez la sigue sin llegar a morderla, el problema puede ser que la cucharilla que usa sea demasiado brillante.
Cámbiela por otra más oscura, o la misma pero en un tono mate.

Al final del verano, y con aguas bajas y claras, las truchas son más susceptibles de engañar con cucharillas muy pequeñas y de colores neutros u oscuros. Si no dispone de ninguna, puede solucionar el problema dejándolas unas cuantas horas en vinagre.

PEZ ARTIFICIAL ANTIENGANCHE

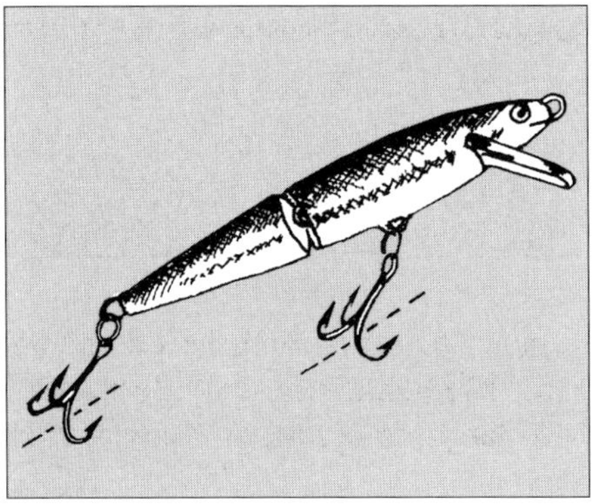

Cuando use peces artificiales en zonas con muchos obstáculos, puede ser útil suprimir dos de las puntas de los triples, tal como se indica en la figura.

LOMBRIZ PARA BLACK-BASS

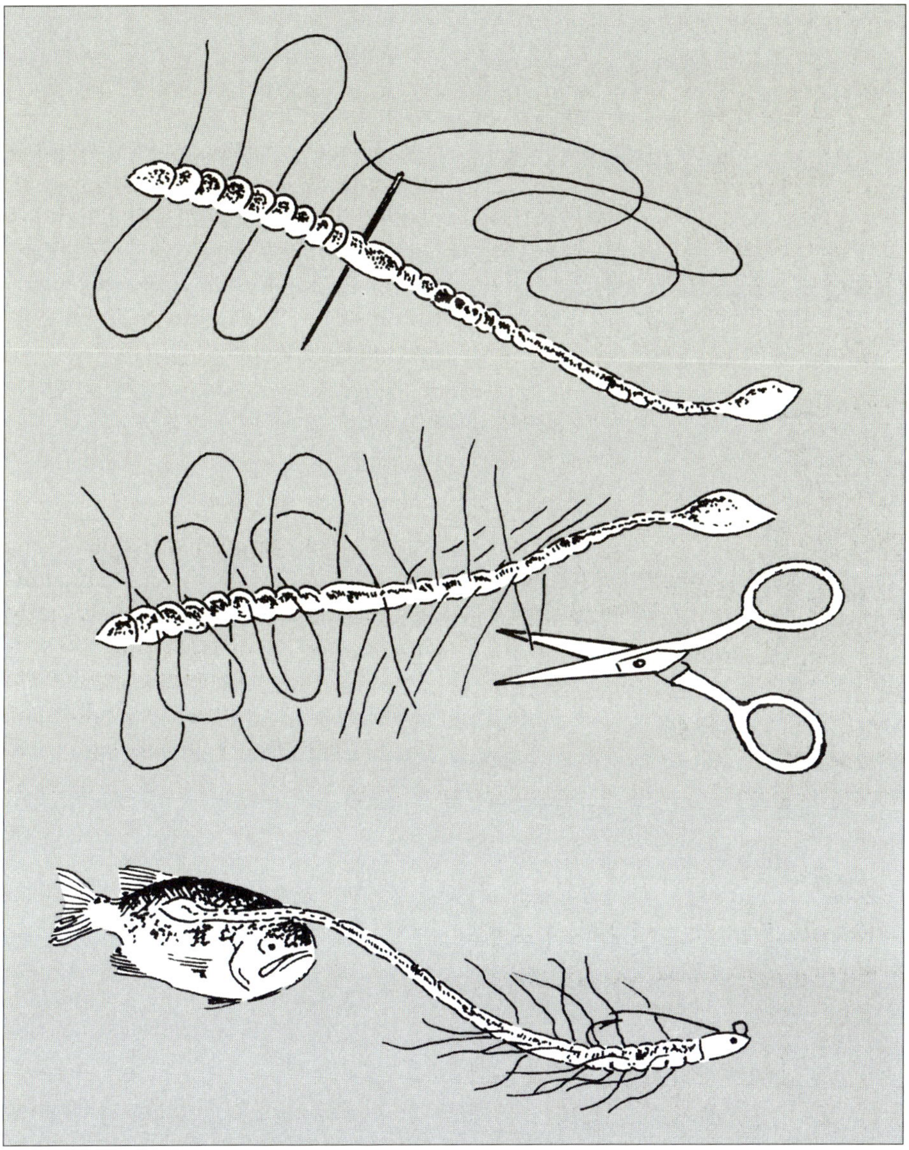

Una forma bastante simple de dar mayor atracción a sus lombrices de goma para black-bass, es la señalada en la figura, añadiéndoles patas. Basta para ello pasar varias veces un hilo de goma a lo largo de la misma y en ángulos opuestos.

ANTIHIERBA

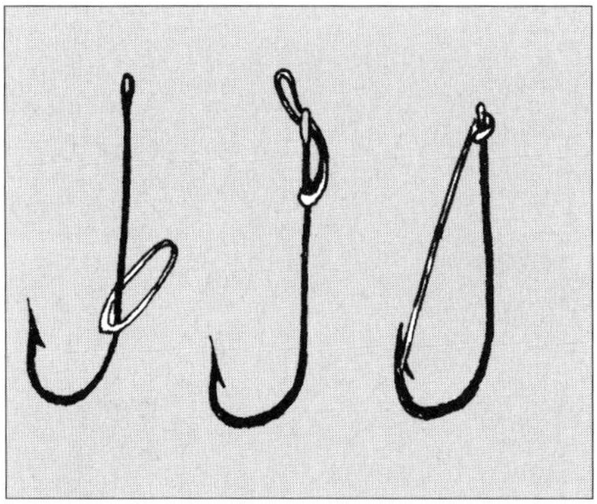

Una forma bastante simple de montar un antihierba en su anzuelo, y a la vez muy eficaz, es utilizando una pequeña anilla de goma. El anzuelo debe ser de anilla, y los más adecuados son aquellos que tienen la punta dirigida hacia adentro.

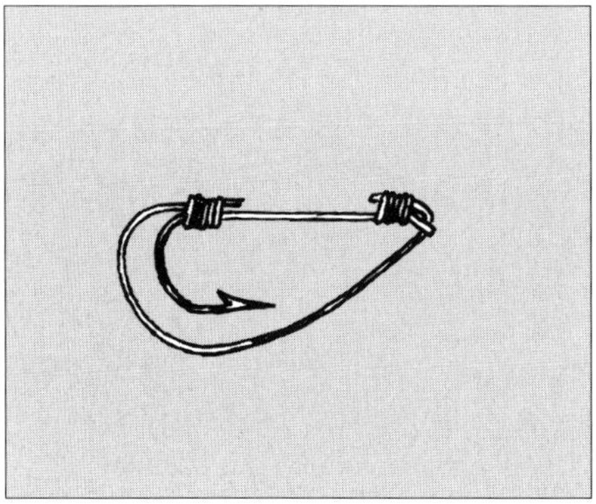

Si pesca en zonas con vegetación abundante y se producen enganches, una solución puede ser sustituir el anzuelo triple de su cucharilla por uno simple dotado de antihierba. Para ello basta colocar un trozo de nylon fuerte, 50/100, tal como indica la figura.

RENOVACIÓN DE PECES

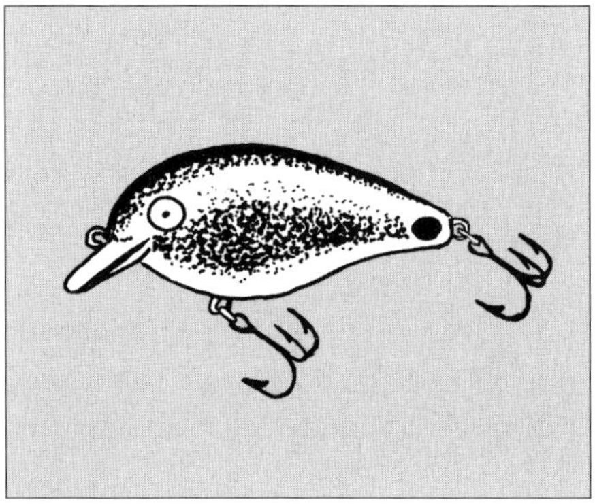

Una forma simple y eficaz de mejorar o renovar el aspecto de sus artificiales es mediante el uso de la purpurina de colores usada en fiestas de carnaval. Dé una capa de barniz transparente al señuelo, esparza la purpurina, deje secar y dé otra capa de barniz.

CUCHARILLA ALIGERADA

Una forma de dar ligereza a una cuchara grande es taladrando la paleta en varios lugares con una broca de tres a cinco mm. de diámetro.
La turbulencia producida por los agujeros la confieren un movimiento irregular y mayor atractivo.

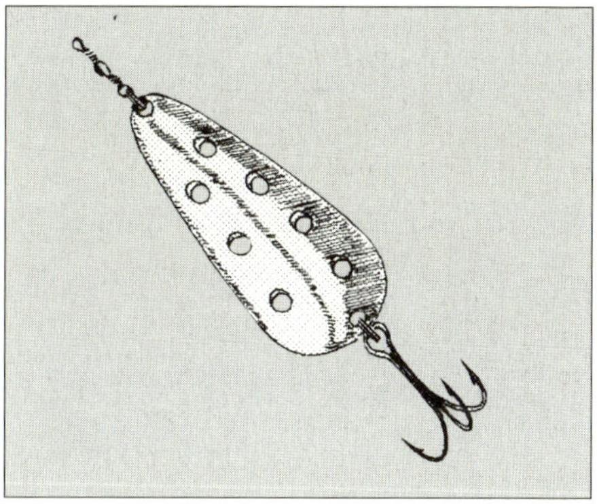

CUENTAS DE COLORES

Dos o tres cuentas de color rojo harán mucho más efectiva su cucharilla o mosca ahogada tipo "streamer", a la vez que evitarán que se enrede la parte delantera al presentar una superficie redondeada. Puede utilizar un imperdible para llevarlas.

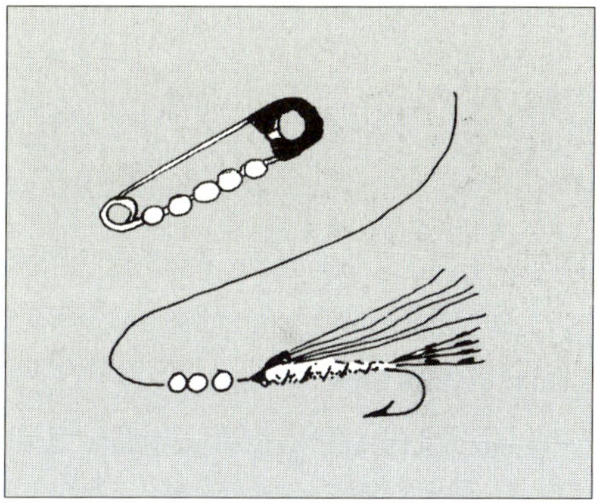

ANILLAS PARA PEZ ARTIFICIAL

Cuando compre peces artificiales, observe la forma en que los anzuelos van sujetos al mismo. La mejor es mediante anilla-llavero, que permite cambiarlos. El uso de cáncamos roscados no es aconsejable, pues pescando con líneas gruesas pueden abrirse con relativa facilidad.

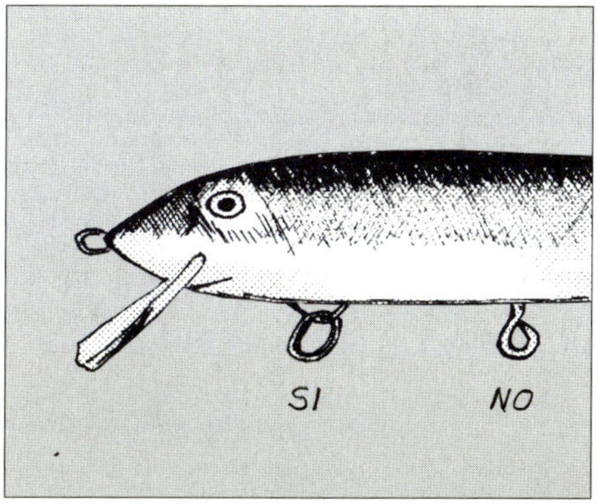

"JIG"

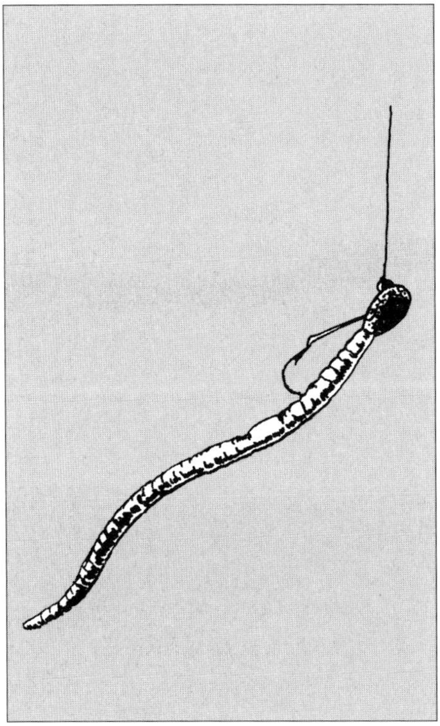

El "jig" es poco utilizado en España; esencialmente consiste en un anzuelo con una cabeza de plomo provista de una anilla.

Es extraordinariamente efectivo pescando desde embarcación y asociado a casi cualquier tipo de cebo.

Ahora bien, complementado con una lombriz de goma, tal como muestra el dibujo, es sorprendentemente eficaz para la pesca del black-bass. Láncelo en zonas con vegetación y recupere despacio con la caña alta, haciéndolo subir y bajar.

Se sorprenderá de los resultados.

CAMBIO DE ANZUELO EN LA CUCHARILLA

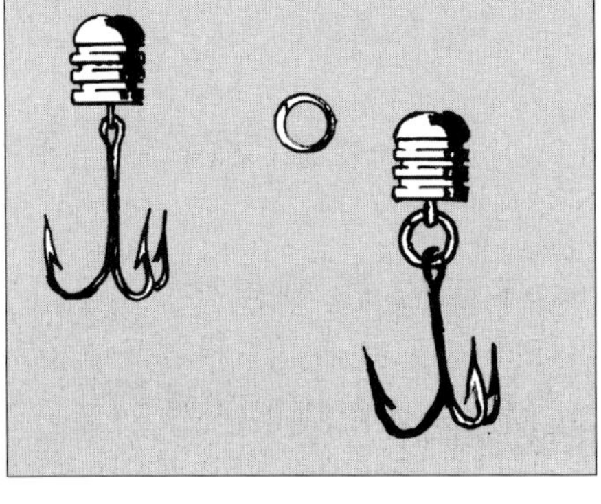

En la mayor parte de las cucharillas giratorias existentes en el mercado es difícil el cambio de anzuelo; pero puede resolver con facilidad este problema mediante el uso de una anilla tipo llavero del tamaño más pequeño que pueda encontrar.

ANTIENGANCHES

Un excelente método para pescar con cucharilla en zonas cubiertas de vegetación es el descrito en la figura. Utilice alambre de acero, cuerda de piano, fino y flexible, sujetándolo firmemente al cuerpo central del clip, emerillón o quitavueltas.

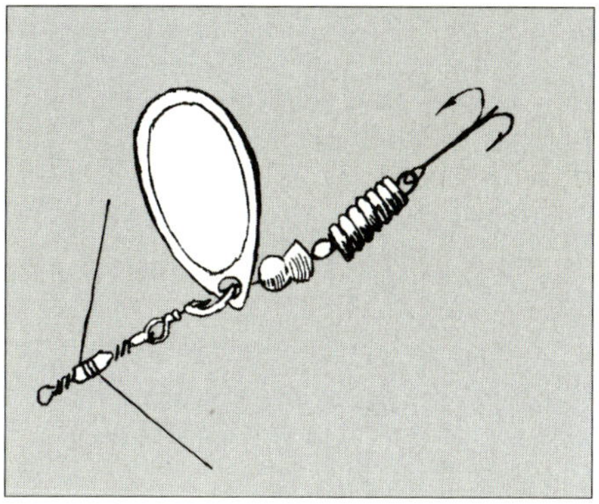

QUITAVUELTAS

El emerillón o quitavueltas sólo es necesario en el caso de que su cucharilla o señuelo retuerza la línea; si tiene que usarlo, colóquelo a 10 ó 15 cm. de aquél. Dispuesto de esta forma su función será más eficaz.

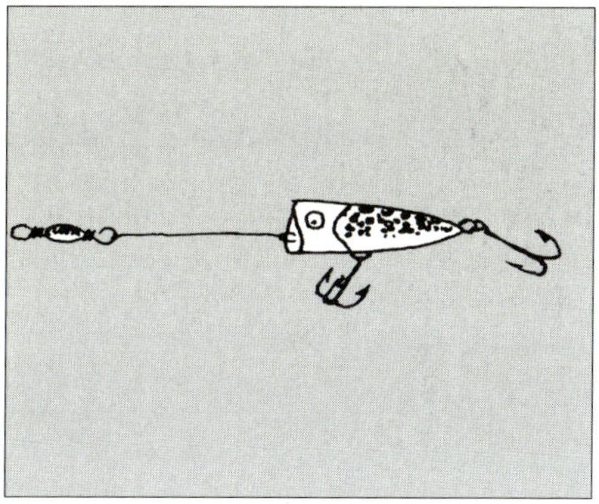

PESCA CON PEZ ARTIFICIAL

Cuando pesque con peces artificiales "flotantes", no recupere de forma continua. Marque tiempos de parada durante los cuales el "pez" asciende a la superficie; al volver a recuperar se hundirá de nuevo. Pescando black-bass, las paradas pueden ser de hasta 1/2 m.

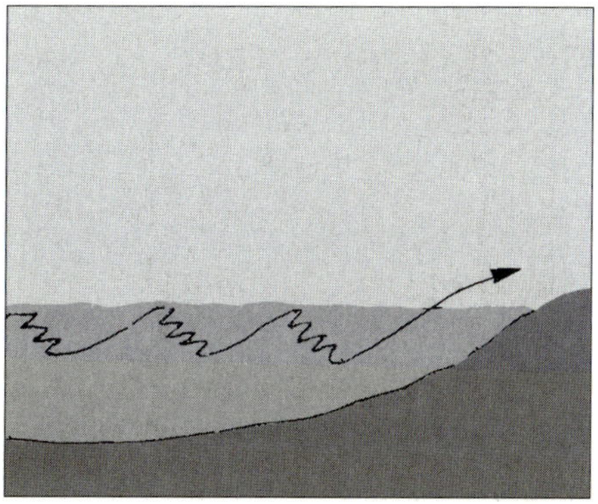

ANZUELO SIMPLE PARA CUCHARILLA

Al principio de temporada, si pesca con cucharilla, los mejores resultados se obtienen moviéndola muy cerca del fondo; sustituya el triple del que habitualmente van provistas por un anzuelo sencillo y conseguirá hacerlo sin enganchar entre las piedras.

MOVIMIENTO DE CUCHARILLAS

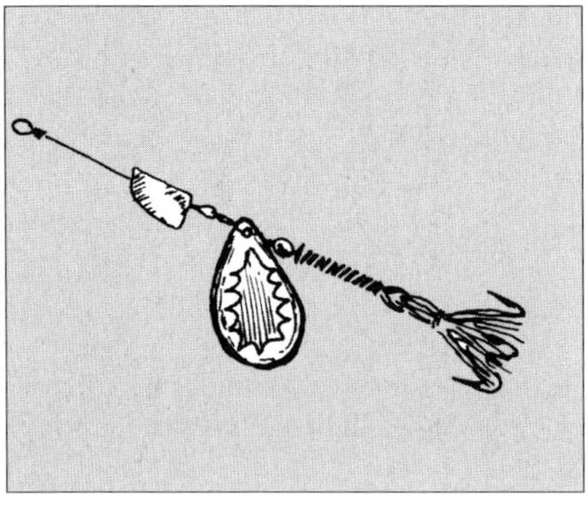

En ocasiones un pez ataca a una cucharilla rápida, otras veces lo hace a otra que se mueve con lentitud. Varíe la velocidad de recogida y observe en cuál se producen más picadas. Procure después pescar a ese ritmo.

PESCA AL LANZADO

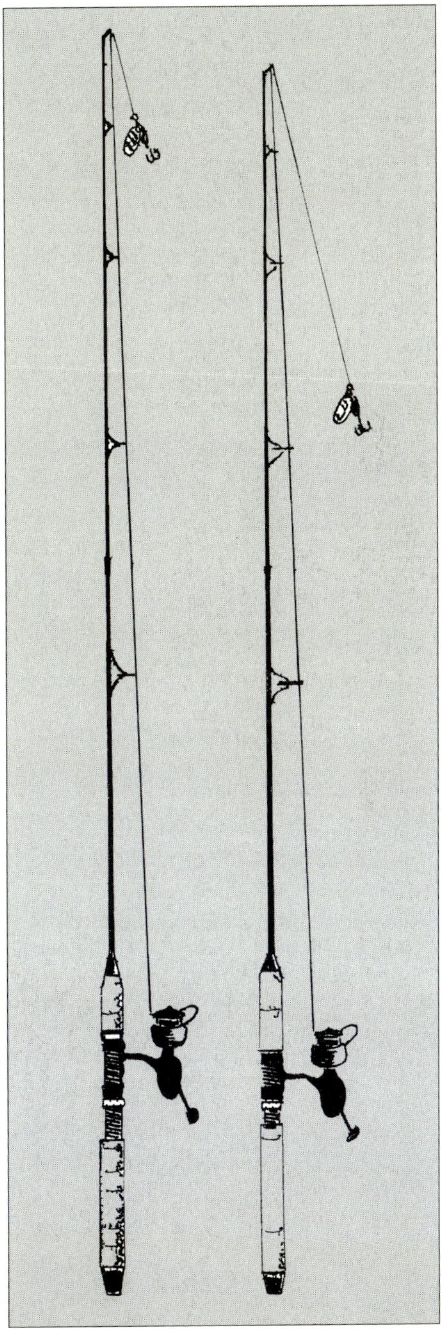

La pesca con cucharilla en la modalidad de "lanzado ligero", esto es: caña de 1,80 a 2 m. de longitud, línea en nylon de 20 a 24/100 y cucharilla de 3 a 6 gr., es un procedimiento en el que cuenta mucho más la destreza y habilidad que la simple fuerza.

Se debe sorprender al pez cerca de su refugio, se han de tantear todos aquellos lugares capaces de ofrecerlo y no se deben desdeñar los que por poca profundidad parezcan incapaces de albergar ningún adversario.

Tal vez la mejor forma de realizarlo sea remontando el río y efectuando lances cortos y precisos; para ello debe dejar unos centímetros, no más de diez, de línea fuera de la puntera de su caña.

Si, por el contrario, desea lanzar lejos, pescando en cauces anchos, deje 40 ó 50 cm. por lo menos.

USO DEL “POPPER”

Cuando use un “popper” para pescar black-bass, utilice todos los recursos que estén a su alcance y le ofrezca la naturaleza para que éste entre en el agua de la forma más natural posible; sobre todo en el caso de observar a algún bass en las cercanías.
Ramas o plantas flotantes, o muy cerca del agua; troncos, rocas o grandes piedras pueden ser lugares adecuados para depositar el “popper”, que después, con una ligera tracción, caerá suavemente al agua sin espantar a nuestro adversario.
Puede, para mayor seguridad, y en evitación de enganches, usar modelos provistos de antihierba; o los excelentes modelos construidos en plástico blando y que ocultan perfectamente los anzuelos, tales como los Ghost, Shadow, Rat y Frog de Man's Bait o similares.
El black-bass es un pez de humor variable y comportamiento irregular, y puede que, en ocasiones, el ruido del popper al caer en el agua le espante, o por el contrario le llame la atención y le incite a morderlo. Sin embargo, creemos que es mucho más efectivo el popper si lo manejamos de la forma indicada. Y esto no es solamente válido para el black-bass y el popper, sino también para cuando pesque truchas con cucharilla o mosca seca.
Aproveche, siempre que tenga ocasión, todos los accidentes del terreno para realizar una presentación de sus señuelos mucho más discreta y, podemos asegurar, bastante más eficaz.

CUCHARILLA CEBADA

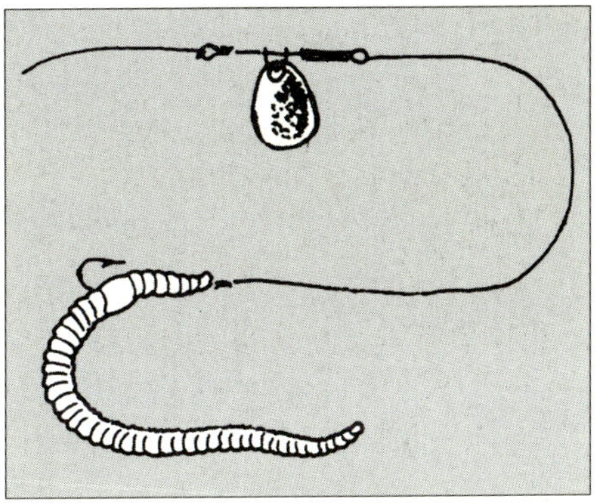

El montaje presentado en la figura es utilizado con frecuencia para pescar mújol; pero puede ser muy eficaz para pescar truchas en zonas tranquilas y profundas.
Debe recoger muy despacio y a favor de la corriente. La lombriz debe cambiarse tan pronto tenga mal aspecto.

CUCHARA IMPROVISADA

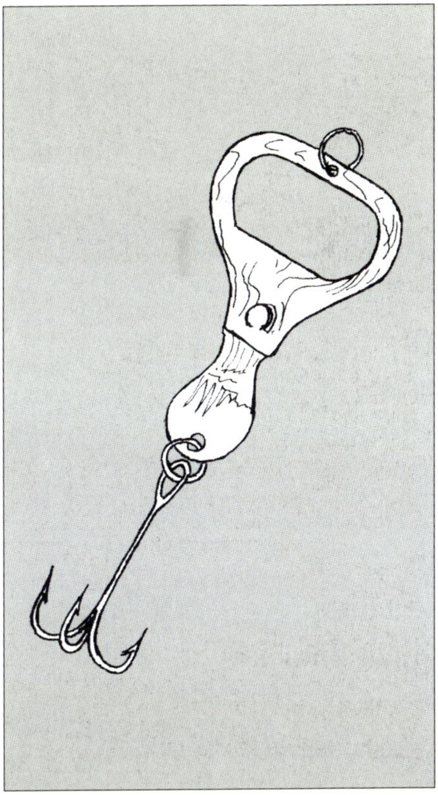

Es justo confesar que la cucharilla cuyo dibujo adjuntamos no tiene nada de ortodoxa; sin embargo, puedo asegurar que funciona y doy fe de su efectividad.
Como fácilmente puede verse, no es más que el abridor de una lata de cerveza al que se practicaron dos agujeros con la punta de una navaja, colocándosele dos anillas y un anzuelo. Es muy ligera y versátil, ya que doblando o curvando la chapa de aluminio se consiguen diferentes movimientos. Y sobre todo, es barata.

DESENROCADOR

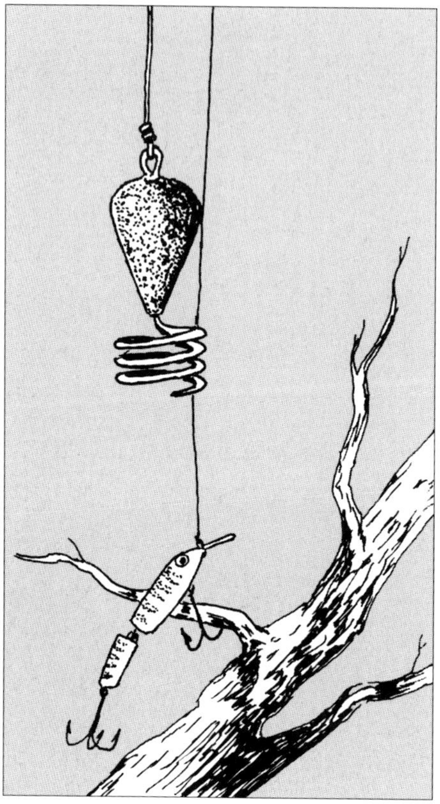

El simple aparato que aparece en la figura es un desenrocador eficaz que permitirá en muchas ocasiones recuperar señuelos que en caso contrario estarían irremisiblemente perdidos. Puede confeccionarlo fácilmente con un plomo de 100 a 150 gr. y un alambre de 2,5 mm. de diámetro.

Comience por efectuar un taladro en el plomo y coloque el alambre en la forma indicada en la figura, aguzando un poco la punta con ayuda de una lima. Use para sujetarlo una línea de buena resistencia.

CUCHARA ANTIHIERBAS

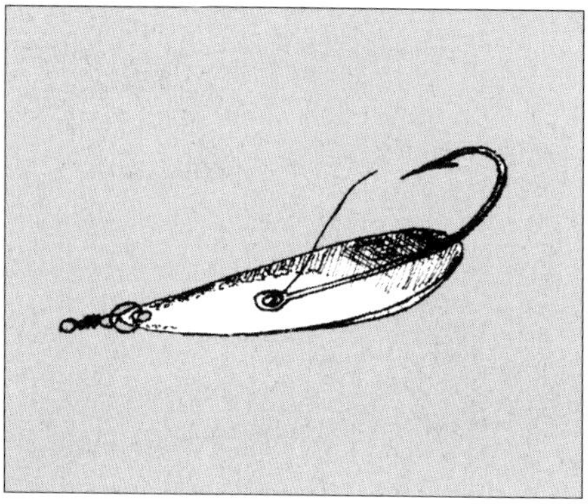

Para pescar en zonas de vegetación abundante, tanto sumergida como emergente, que suelen ser refugio de black-bass, nada mejor que la cuchara conocida con el nombre de "Silver Johnson Spoon". Si no la encuentra, puede fabricarla mediante soldadura o un tornillo con tuerca.

5. PESCA CON MOSCA

PASADO DE LA LÍNEA

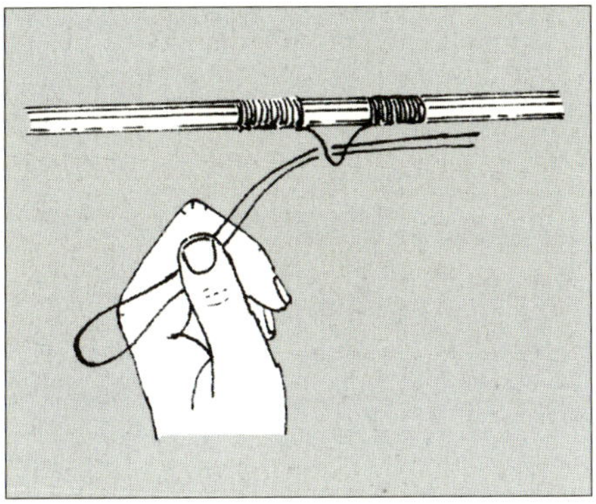

Cuando pase la línea de mosca a través de las anillas de la caña, no lo haga comenzando por el bajo; saque unos metros del carrete, dóblelo e introdúzcalo de esa forma; resulta más fácil y, aunque se suelte, no tendrá que volver a empezar.

NIVEL DE LA MOSCA

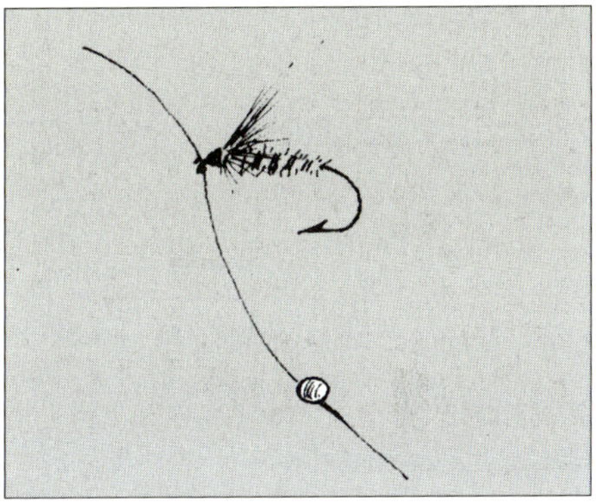

Puede pescar con mosca ahogada o ninfa, tan cerca del fondo como quiera, pero enganchando mucho menos si realiza un montaje como el indicado en la figura. Puede variar la distancia de la mosca al plomo, con lo que pescará al nivel deseado.

SECADOR DE MOSCAS

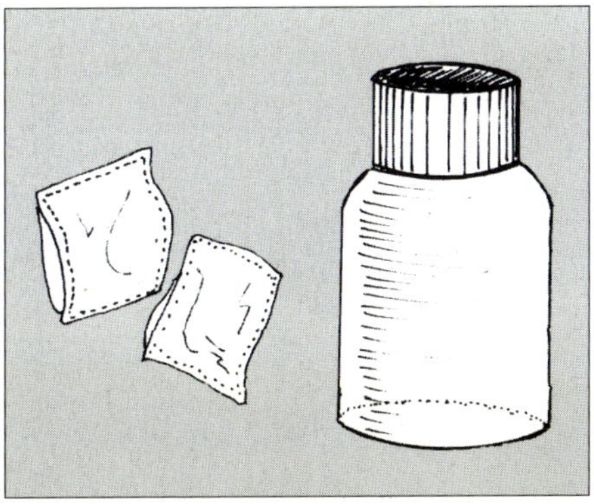

No deseche las bolsitas de "silicagel" que suelen venir acompañando algunos embalajes delicados; guárdelas en un frasco hermético de boca ancha y, por ser higroscópicas, absorbentes de agua, serán un excelente secador para sus moscas.

ELECCIÓN DE MOSCA

Si está usted comenzando a pescar con mosca seca, la elección de la mosca a usar puede constituir un grave problema.
Mi consejo es que utilice una mosca fácilmente visible en uno o dos tamaños, tal como la Adam's o alguna similar.

ATADO DE MOSCA

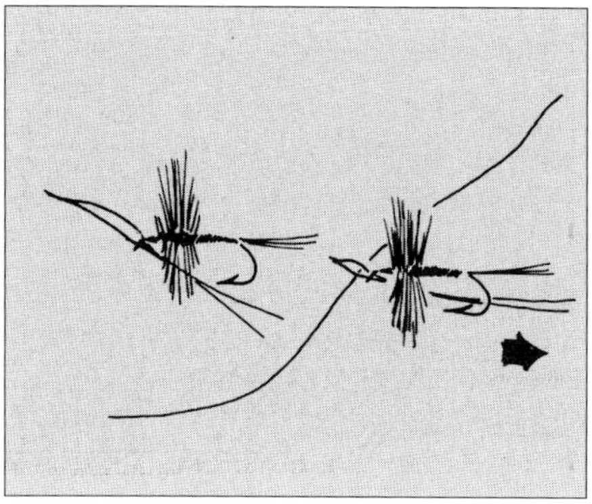

Más de una vez hemos tropezado con la dificultad de cambiar de mosca a últimas horas de la tarde, sobre todo cuando son pequeñas. Una forma de evitarlo es mediante la ayuda de un alambre fino de acero o cobre, tal como se ve en la figura.

NUDO EN MOSCA

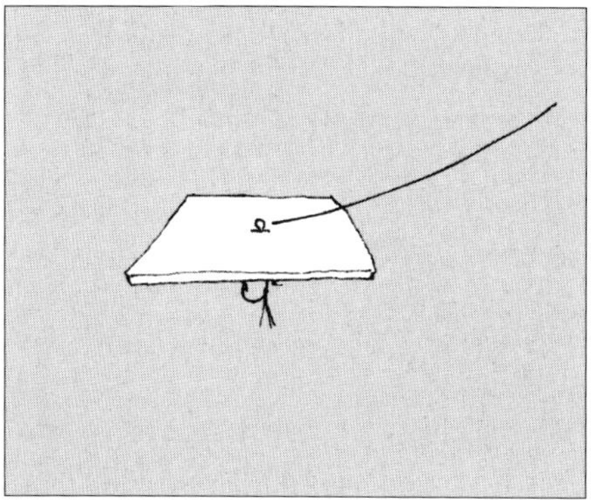

Si tiene dificultades a la hora de pasar la línea a través de la anilla de un anzuelo pequeño, use una tarjeta, tal como indica la figura. Dispondrá además de la ventaja de que al hacer el nudo no aprisionará ninguna fibra de pluma, si se trata de una mosca.

UNIÓN DE LÍNEA AL BAJO

Un pequeño trozo de dacrón de 50 u 80 lb. puede utilizarse perfectamente para unir la línea de mosca al bajo de línea.
La estructura trenzada del dacrón asegura una unión perfecta sin problemas para pasar a través de la última anilla.

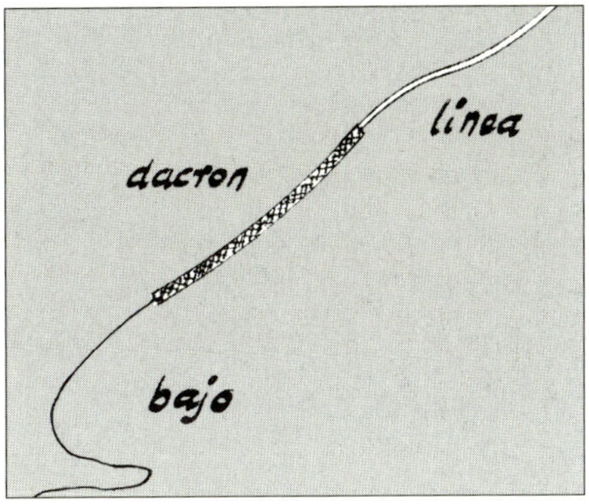

BAJO FLUORESCENTE

Un trozo pequeño, de 10 a 20 cm., de nylon fluorescente, intercalado en el bajo de su línea de mosca, es un auxiliar inapreciable cuando se pesca con ninfa o ahogada; le señalará en todo momento una picada difícil de percibir.

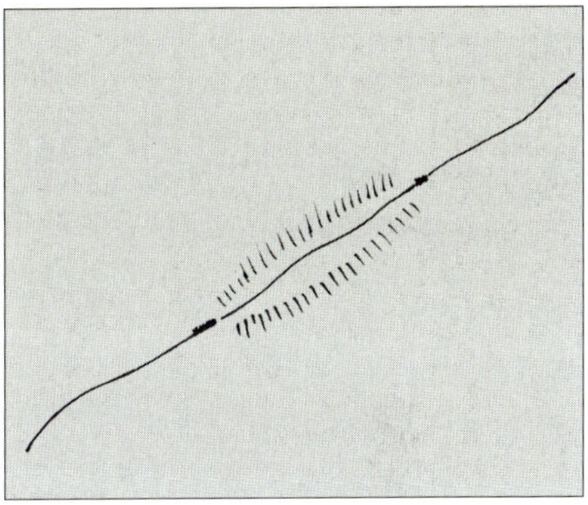

EMPUÑAR LA CAÑA

En el lanzado de mosca es preciso distinguir entre eficacia y estilo, y recordar en todo momento que debe ser la caña quien haga el trabajo. De las tres formas de sujetar la empuñadura, la de pulgar arriba es la que da mayor potencia, pero requiere una muñeca flexible. El pulgar lateral es cómodo, pero limita la potencia; y el índice arriba, aunque da mayor precisión, carece de fuerza; puede servir para corregir una inclinación excesiva en el lance atrás.

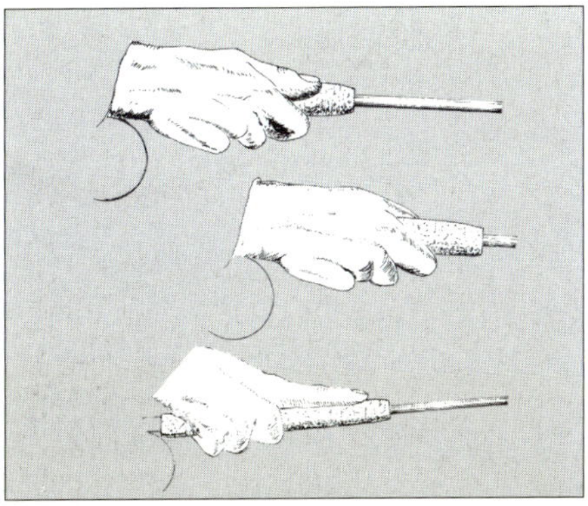

MOSCA REHUSADA

Cuando una trucha sube a la mosca y la rehúsa de forma repetida, cambie primero de tamaño y luego de modelo; si sigue rechazándola, cambie a una mosca ahogada o a una ninfa, pescando a un nivel distinto.

CONEXIÓN DEL BAJO A LA LÍNEA

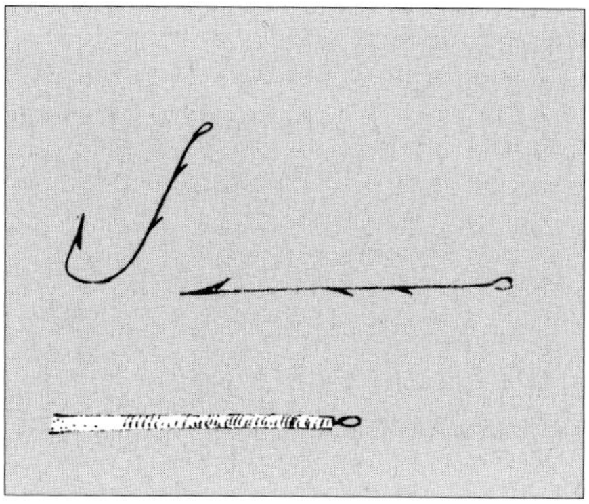

Un anzuelo de anilla, destemplado y enderezado, nos puede proporcionar la unión más adecuada entre la línea y el bajo de un aparejo de mosca. Si utiliza uno de aquellos que tienen dos ganchos en el vástago, el resultado será mejor.

LIMPIEZA DE LA LÍNEA

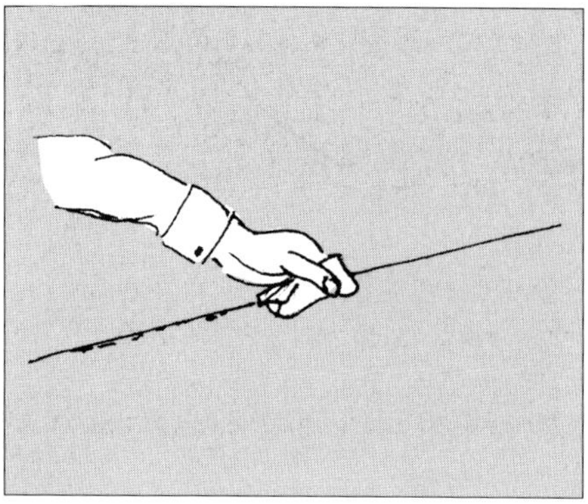

Si su línea no se desliza fácilmente a través de las anillas, aun después de engrasada, lo más probable es que esté sucia o que tenga un exceso de grasa; esto hace que la línea esté pegajosa y pase con dificultad por las anillas. Elimine el exceso.

PESCA DEL BLACK-BASS

Junio y julio son posiblemente los dos mejores meses del año para pescar black-bass con aparejo de mosca y cebos ligeros. Los ejemplares adultos comienzan la puesta y están en las zonas someras. Si pesca desde embarcación, hágalo hacia las orillas con vegetación.

"SUBIDA" DE LA TRUCHA

Cuando una trucha que está subiendo rehúsa una mosca seca bien presentada, aunque sea la imitación de las que está comiendo, antes que cambiar de modelo, cambie de tamaño.
Comience poniendo moscas más pequeñas, y si esto no resulta, use moscas más grandes.

PESCA AGUAS ABAJO

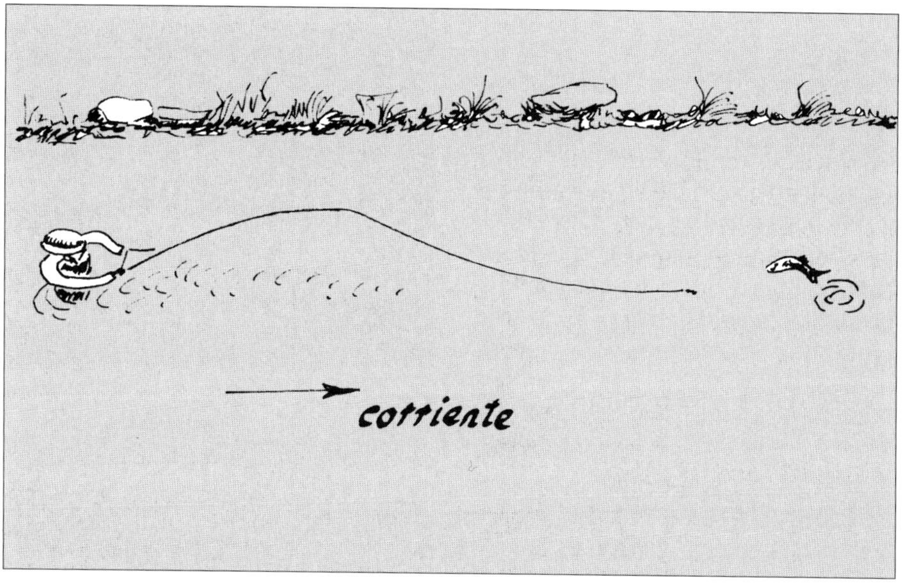

Pescando con mosca seca, lo ortodoxo y sancionado por la práctica es hacerlo aguas arriba.
Pero si oye y observa a una trucha cebarse a sus espaldas, no desdeñe el pescar aguas abajo. Se sorprenderá de los resultados.

GIMNASIA PARA EL LANZADO

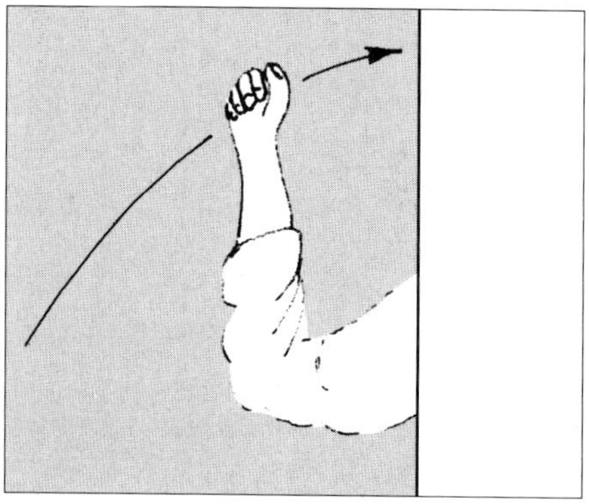

Uno de los problemas más comunes en el lanzado de mosca es la falta de potencia en el lanzado hacia atrás. Para mejorarlo, póngase de espaldas a una pared y dé un golpe contra ésta, parando en seco en el momento de llegar.

MARCA FLUORESCENTE

Si pesca con ninfa y línea de mosca, puede ser de utilidad intercalar entre ésta y el bajo un trozo de 10 a 20 cm. de nylon fluorescente; o bien recubrir el nudo con seda fluorescente roja. Podrá detectar más fácilmente la picada.

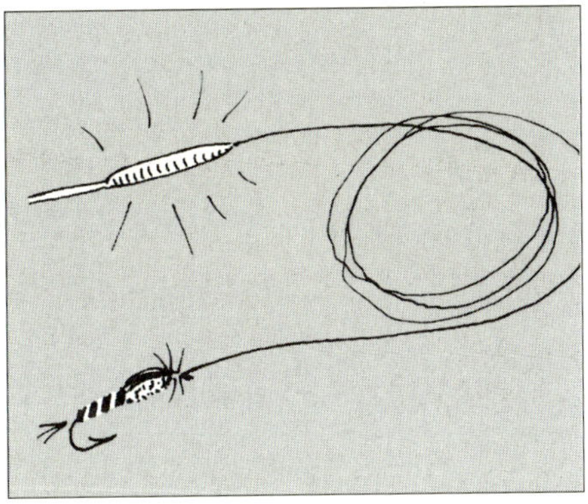

CAJA PARA MOSCAS

Unas tiras de gomaespuma autoadhesiva, tipo burlete usado para cerrar juntas de ventana, colocadas en el fondo de una caja, constituyen un magnífico soporte tanto para que sus cucharillas como sus moscas permanezcan ordenadas.

TAMAÑO DE LA MOSCA

Una regla fácil de seguir para cualquier pescador de mosca seca es utilizar anzuelos de tamaño 12 en mayo, 14 en junio, 16 en julio y 18 más adelante; de acuerdo con la norma de que la mosca es más pequeña hacia el verano.

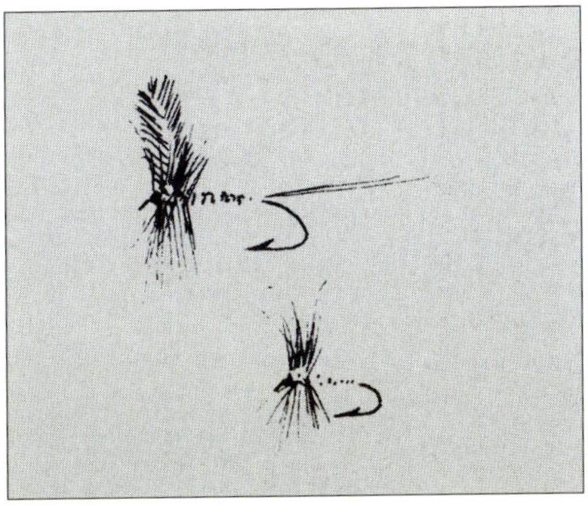

DIVERSAS FORMAS DE "SUBIDA"

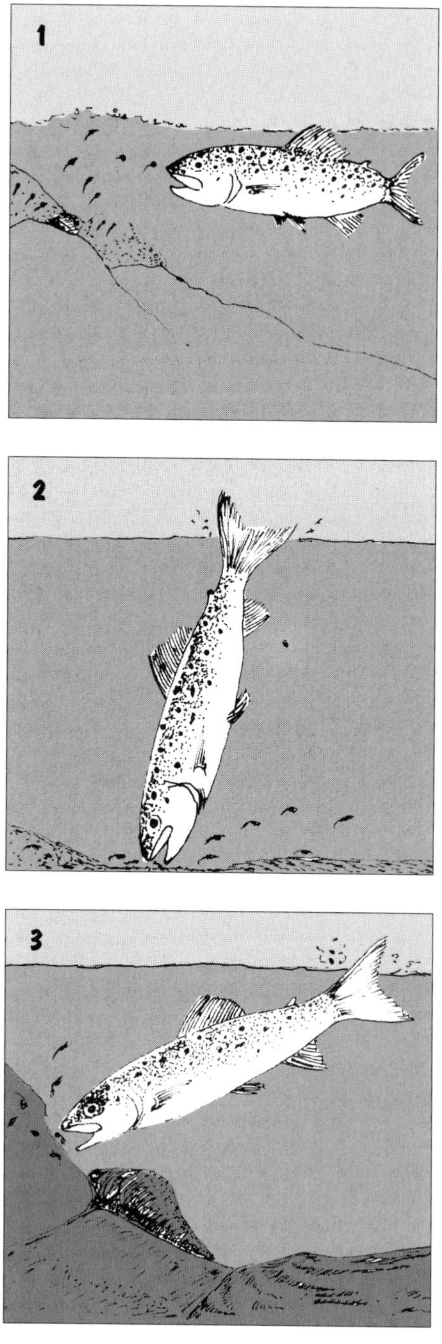

Para el pescador de mosca debe ser tan importante el saber colocar su artificial en el lugar adecuado y en el momento preciso, como determinar de qué forma y a qué profundidad las truchas se están alimentando.
Los ingleses tienen definidos una serie de términos, como "tailing", "bulging", que determinan el tipo de subida. Dado que lo que intentamos es pescar, no aprender inglés, analicemos los dibujos adjuntos, que nos podrán orientar sobre el tema.
En el primero de ellos, una trucha se alimenta de ninfas en un lugar cercano a la superficie y con corriente; serán visibles la aleta dorsal y en ocasiones incluso el lomo; cuando lo hace en el fondo, caso siguiente, sólo será visible la aleta caudal; sucede lo mismo en la figura tercera, que al tomar ninfas en un nivel más profundo, sólo es visible la aleta caudal.

DIVERSAS FORMAS DE "SUBIDA" (Continuación)

La figura cuatro es una subida típica a la mosca sobre el agua, siendo la boca visible en ocasiones.

La figura quinta es el salto fuera del agua, que bien puede obedecer a la captura de insectos volando, o también a tratar de desprenderse de parásitos.

Por último, la sexta figura corresponde a una trucha comiendo ninfas emergentes en aguas tranquilas; observe que, a veces, no llega a romper la superficie del agua.

Si presentamos la imitación adecuada, y al nivel preciso, tendremos muchas más probabilidades de capturar más truchas, y lo que es más gratificante, sabiendo por qué.

MOSCA "PALMER"

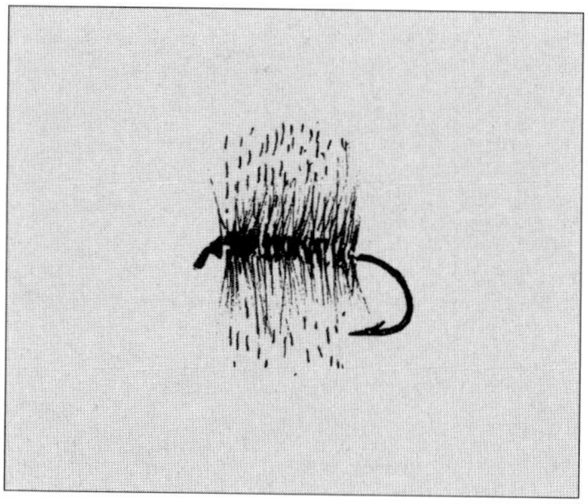

Si pesca truchas con mosca seca y comienzan a cebarse a última hora con malas condiciones de luz, el uso de moscas claras montadas en "palmer" le permitirá seguir, mejor que ninguna otra, la deriva de las mismas y la eventual subida de la trucha.

CAMBIO DE LÍNEA

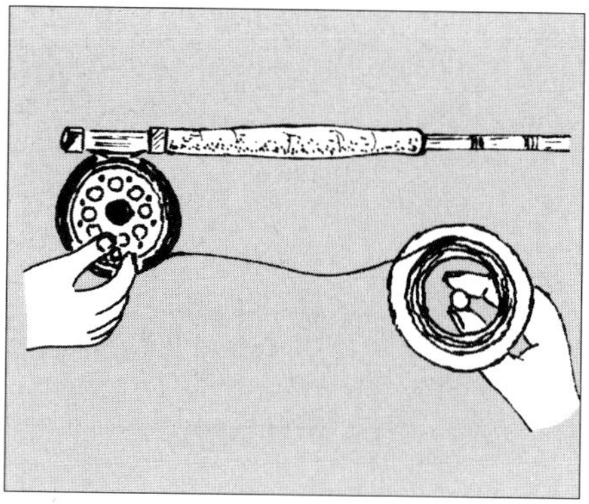

Si lo que pretende es cambiar la línea de su carrete de mosca, debe mantener la bobina paralela al eje de la caña y tener cuidado de repartir las espiras uniformemente en cada vuelta para no superponer nunca alguna de las inferiores.

TRUCHA EN AGUAS RÁPIDAS

Pescando con mosca seca es más fácil engañar a una trucha en aguas rápidas que en aguas tranquilas. El pez tiene menos tiempo para observar cualquier anormalidad en la presentación de la mosca o en la propia mosca.

ATADO DE MOSCAS

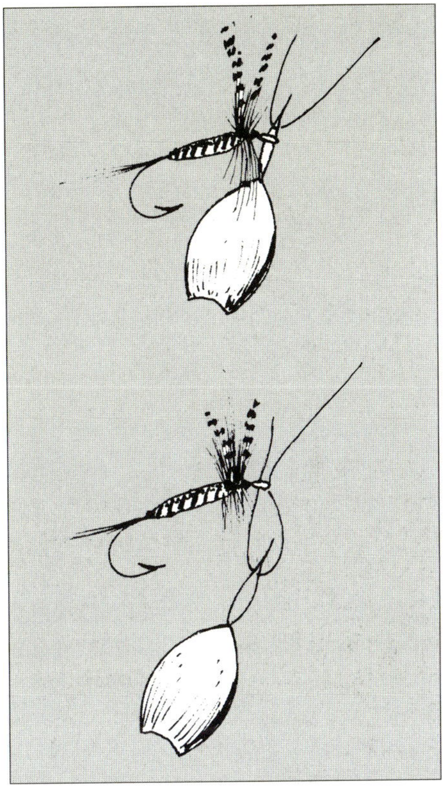

Si tiene dificultades para pasar el nylon a través de la anilla de una mosca cuando usa anzuelos demasiado pequeños, utilice un enhebrador de agujas como el mostrado en la figura adjunta.
Éste dispone de una punta fina, pero resistente, que atravesará sin ninguna dificultad la anilla de la mosca.
Basta, posteriormente, pasar el nylon a través del bucle de que dispone el enhebrador.
Tiene también la posibilidad de pasar el nylon dos veces para hacer un doble nudo.

"FLY RETRIEVER"

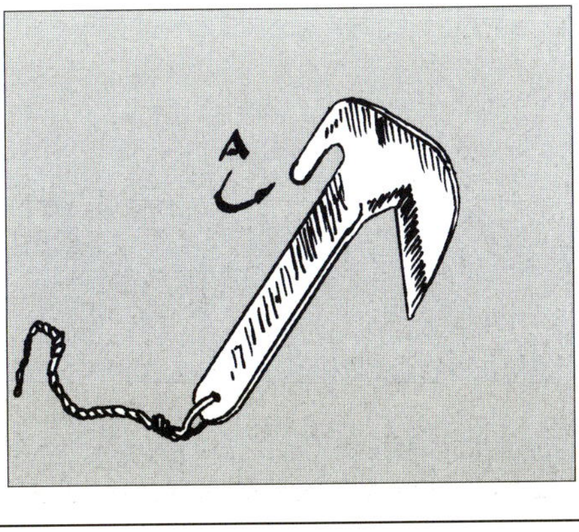

Aunque haya pescado durante toda la vida, nunca habrá usado la pequeña herramienta que mostramos. En EE.UU. se conoce como "Fly Retriever" y sirve para recuperar moscas enganchadas en ramas inaccesibles. El extremo A se coloca en la última anilla de la caña.

MARCAS EN LA LÍNEA

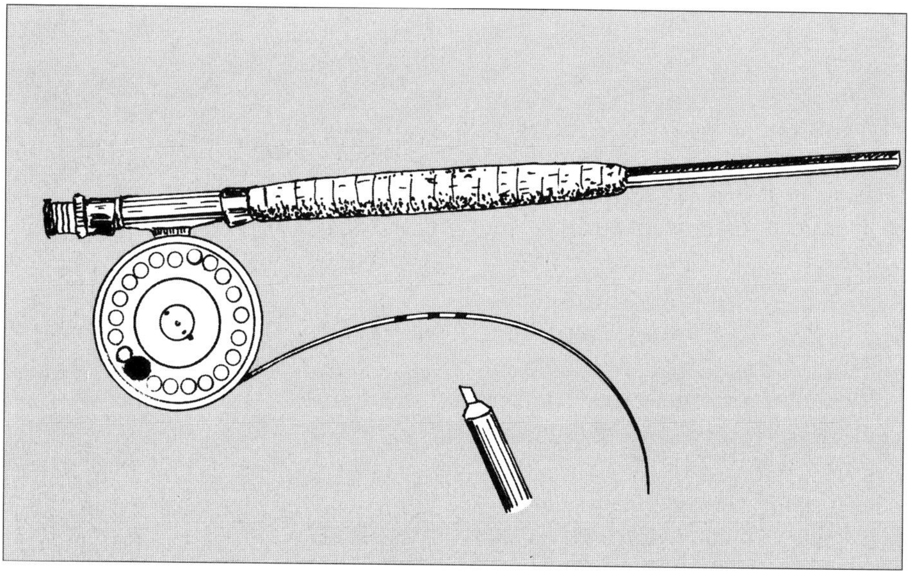

Unas marcas realizadas con un rotulador inalterable al agua, efectuadas al final de la parte gruesa de su línea de mosca, le indicarán en cualquier momento que dispone de la longitud más adecuada para efectuar sus lances.

CAZA EFÉMERAS

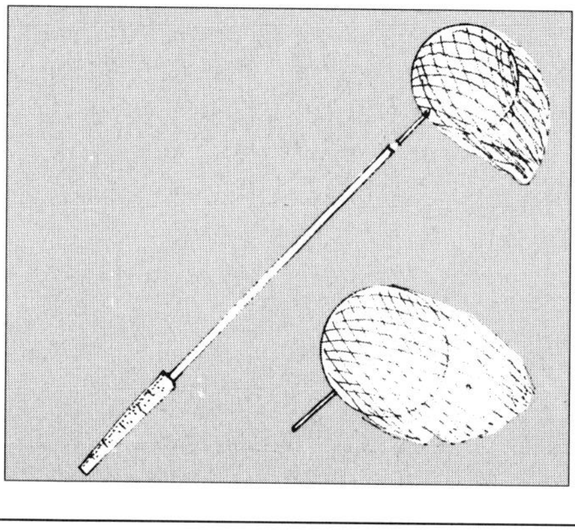

Una pequeña red que encaje en la parte inferior de su caña convierte a ésta en un eficaz cazamariposas o efémeras, y si construye el aro con hilo de aluminio de 3 ó 4 mm. de diámetro, resultará fácilmente transportable, muy ligero y hasta plegable.

INDICADOR DE PICADA

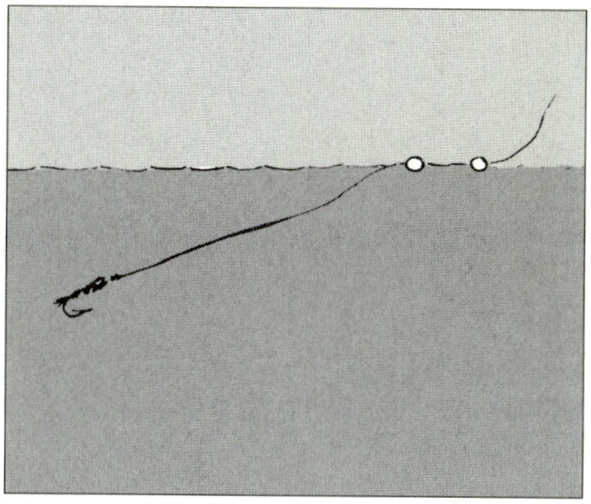

Si pesca con ninfa o mosca ahogada en un nivel próximo a la superficie del agua, puede resultar práctico montar en el bajo de línea una o dos pequeñas bolas de poliestireno de color, las mismas que se usan cuando se pesca con cebo. Pase la línea un par de veces por el agujero central.

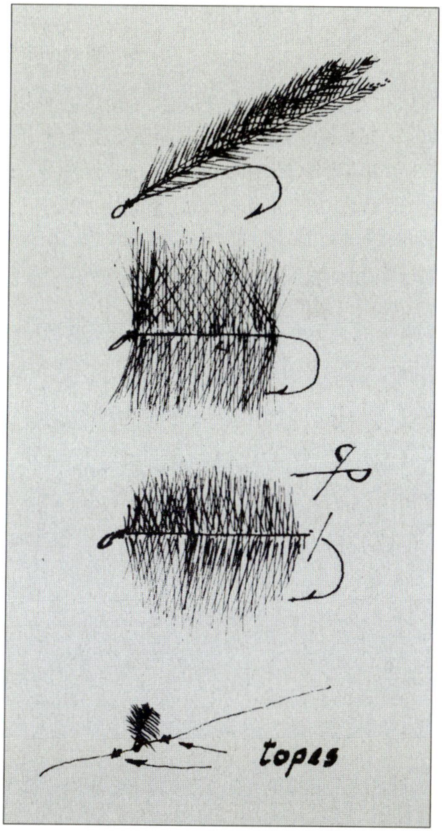

Uno de los problemas fundamentales de la pesca con ninfa, practicada aguas arriba, es determinar el momento de picada de la trucha.

Existen diversos sistemas para paliarlo: uso de una mosca seca, finales fluorescentes, "rigolettos", etc. Pero todos tienen inconvenientes; puede solucionarlo con el flotador que ilustramos en la figura adjunta; éste tiene menor resistencia al lanzado, bien engrasado flota perfectamente, y si tiñe las plumas con cualquier color luminoso, será perfectamente visible.

INDICADOR DE PICADA

Posiblemente, si pesca de forma habitual con mosca seca y ha intentado alguna vez hacerlo con ninfa, haya abandonado el procedimiento por la dificultad que entraña el no ver la picada.
Utilice el montaje descrito en la figura, con lo que pescará a la vez en seca y ninfa, sirviéndole la seca de indicador.

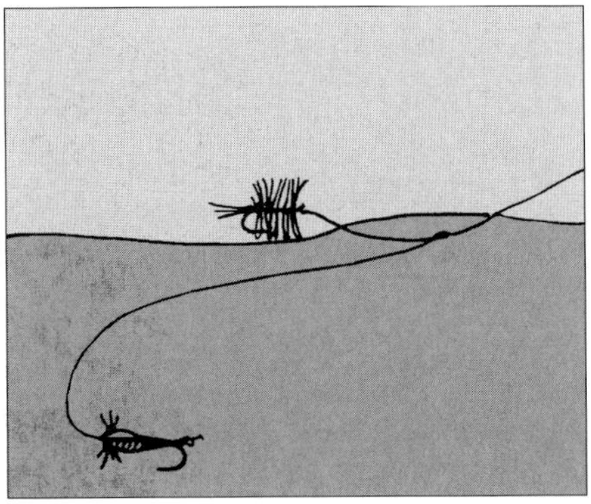

La próxima vez que pesque con ninfa o mosca ahogada, monte una mosca seca tipo "palmer", en derivación; le servirá como indicador de picada.

RED RECOGEMUESTRAS

Un trozo de tela mosquitera de plástico, de 60 cm. de largo y 40 de ancho, provista de un palo en cada extremo, puede ser de gran utilidad para recoger las efémeras, ninfas y otros insectos que bajan por el río, permitiendo al pescador de mosca obrar en consecuencia.

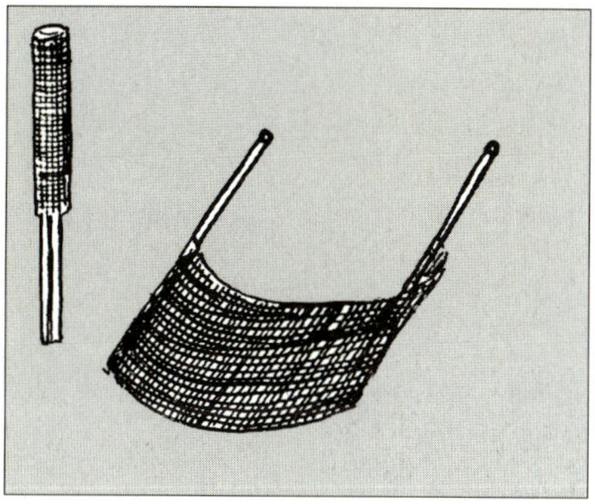

IMPERMEABILIZANTE

¿Quiere fabricar su impermeabilizante para moscas? Es muy simple; mezcle 10 gr. de parafina blanca, en láminas, con 50 gr. de tetracloruro de carbono, caliéntelo ligeramente al baño maría y guárdelo en frascos de boca ancha.

MOSCAS EN PAREJA

Cuando pesque truchas con mosca y haya agotado todos los procedimientos, pruebe con un par montado en tándem, o moscas en celo, los resultados son a veces sorprendentes. Puede utilizar moscas de distinto color, pero del mismo tamaño.

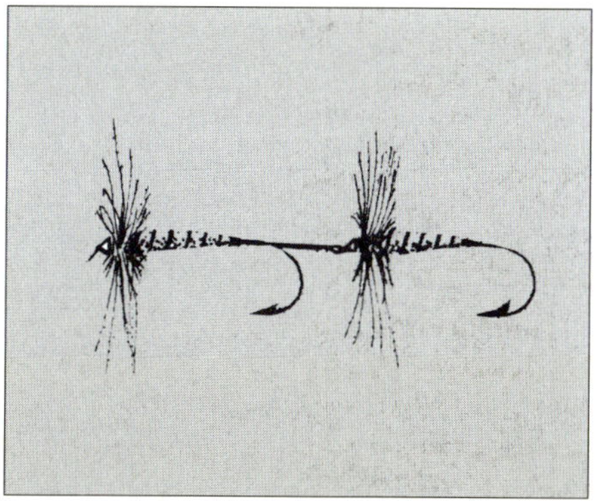

RED RECOGEINSECTOS

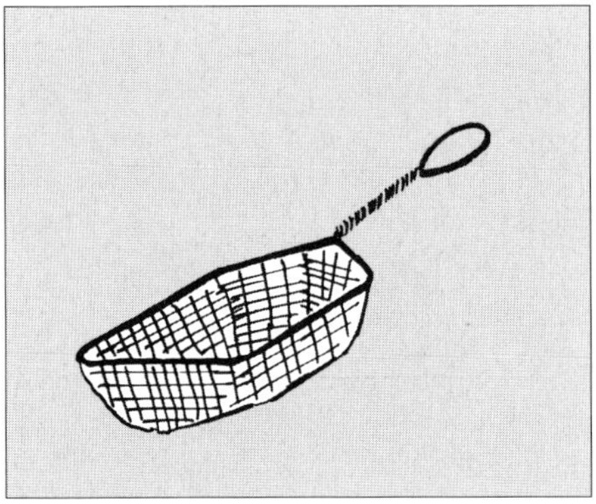

¿Ha tratado alguna vez de recoger una efémera o cualquier otro insecto arrastrado por la corriente? Es difícil, ya que la propia corriente lo aparta de nuestra mano; use una pequeña red como la representada en el dibujo. No pesa y cabe en cualquier bolsillo.

PUNTA DEL ANZUELO

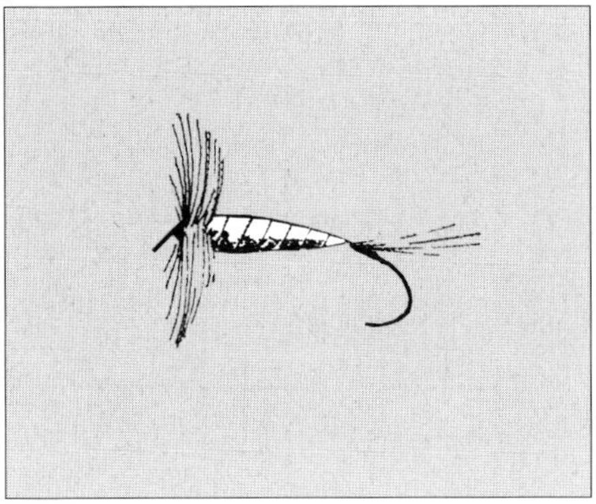

Un accidente bastante normal pescando con mosca, tanto seca como ahogada, es la rotura de la punta del anzuelo. No hay manera de prevenirlo, pues sucede cuando el anzuelo tiene un temple duro. La única forma es comprobar de vez en cuando su estado.

CAJA PARA MOSCAS

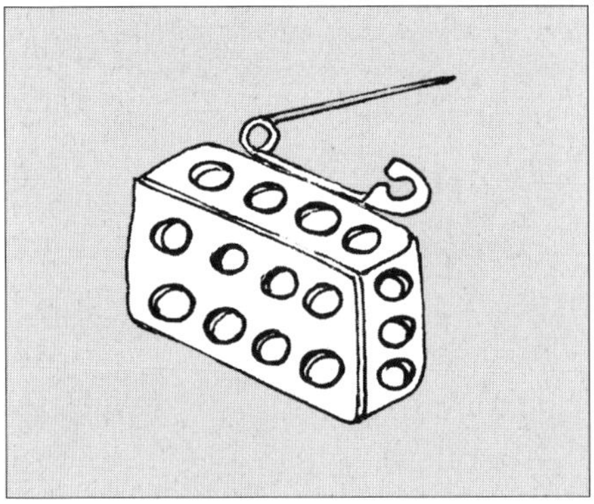

Una caja pequeña de plástico, de 5 por 3 cm., a la que se le han abierto una serie de agujeros y se le ha pegado un imperdible, es el mejor lugar para secar las moscas usadas durante un día de pesca, sin humedecer las demás.

ANZUELO ESPECIAL

¿Conoce los anzuelos para pescar con insecto natural según el procedimiento llamado "Dapping" en Inglaterra? Disponen de una pequeña pinza que permite sujetar el insecto sin pincharlo. Se suele practicar en lagos, usando la mosca de mayo y con ayuda del viento.

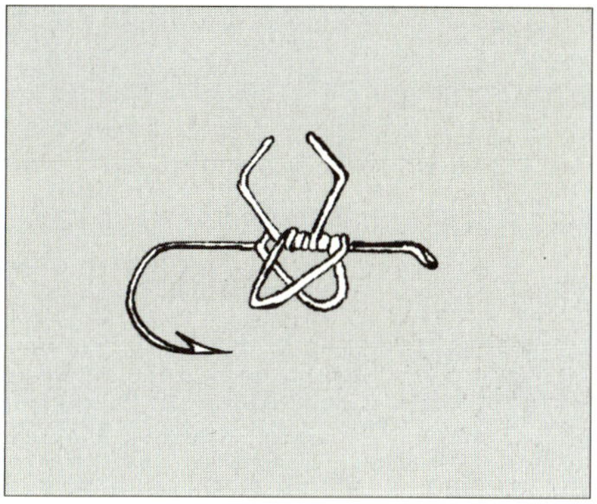

SUJECIÓN DEL BAJO

Nada más incómodo que el extremo del bajo oculto entre el resto de las espiras de la línea dentro de la bobina. Casi todos los carretes suelen tener un pequeño taladro en la cara anterior de la bobina para este fin. Si el suyo no lo tiene, hágaselo.

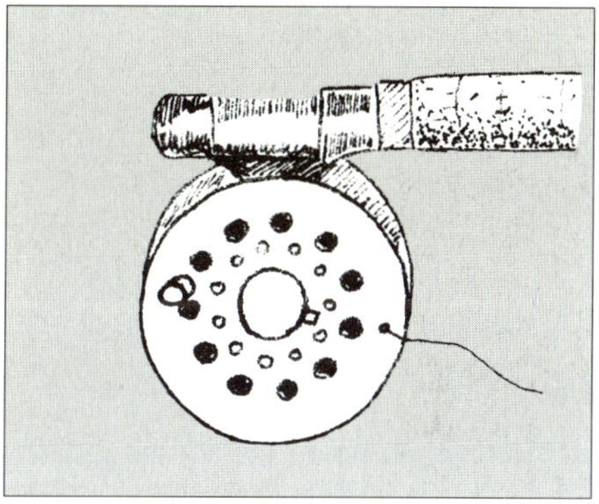

DISPENSADOR DE BAJOS

Puede construir un dispensador de bajo de línea cómodo y económico a partir de un estuche de chasis de película de 35 mm. y unos cuantos tapones de plástico de las botellas de vino común, dispuestos en la forma que se observa en la figura. Use un alambre fino, doblado, para pasar el hilo.

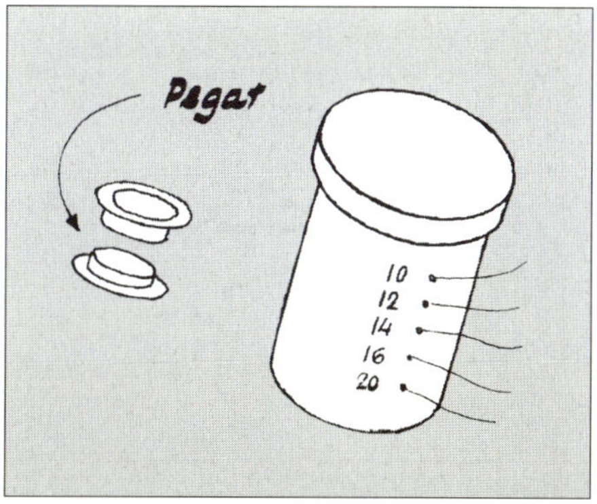

NINFAS

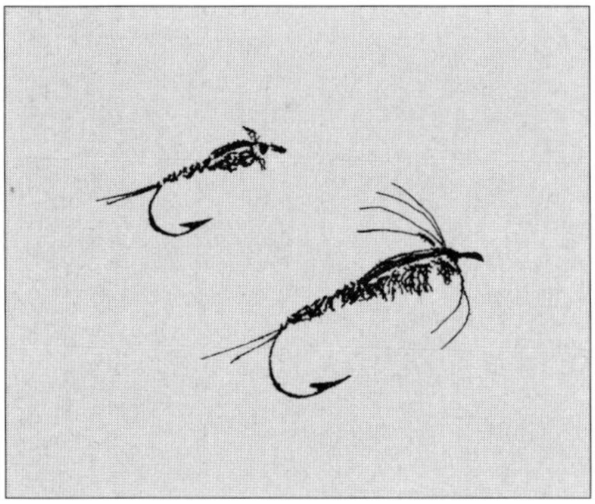

Use ninfas pequeñas en aguas claras y rápidas, y por el contrario, grandes, montadas sobre anzuelo 6 u 8 en aguas lentas y profundas.
Es asimismo conveniente el uso de ninfas pesadas en estas aguas.

MOSCA AHOGADA

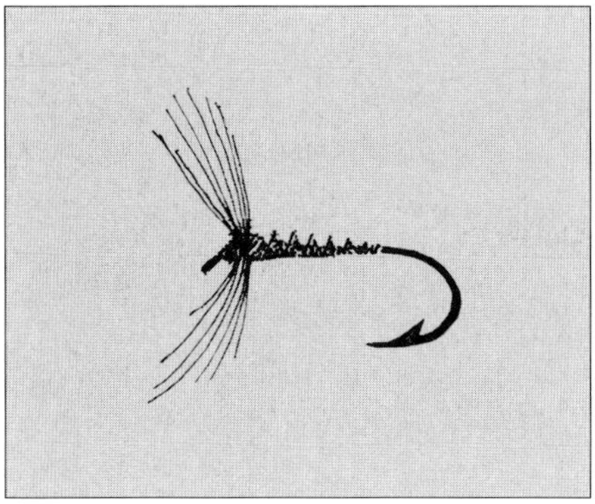

Pescando con mosca ahogada, la que se lleva en punta debe tener el pelo dirigido hacia adelante, ya que a contracorriente la flexión de la pluma le da un aspecto de mayor vivacidad. Puede hacerlo con una mosca normal, dando unas vueltas de hilo fino detrás de la pluma.

LIMPIEZA DE LAS ANILLAS DEL ANZUELO

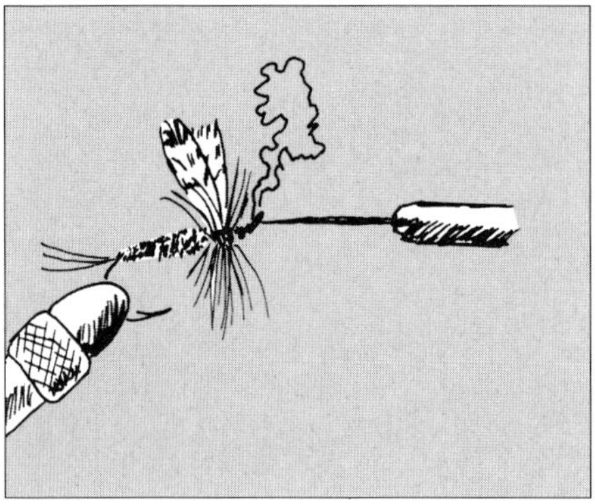

Caliente ligeramente la punta de la aguja cuando quiera eliminar el barniz, ya seco, que obstruye el ojo del anzuelo. De esta forma no quedarán restos que dificulten posteriormente, y en el peor momento, el paso del bajo de línea.

LARVAS TRICÓPTERO

Cualquier pescador conoce y ha usado alguna vez el "gusano de canutillo", "marabayo", "frailuco" o larva de tricóptero, pero quizá que no sepa a qué especie de insecto corresponde en su estado adulto.

Es más fácil determinar la especie por el aspecto del "canutillo" que cuando se les observa volando a últimas horas de la tarde, al lado o sobre el río.

Sus nombres de arriba abajo son: *Limnephilus lunatus*, el tricóptero canela; su estuche está formado por desechos vegetales, mide poco más de 2 cm. por un diámetro de 4 mm.

Pothamophilax latipennis, el gran tricóptero canela. Construye su funda con granos de arena.

Anabolia nervosa; su nido está construido con arenillas muy finas y cruzado con largas ramitas que impiden sea un bocado fácil para los predadores. El adulto es el tricóptero marrón.

Halesus radiatus, la famosa "Caperer", saltadora o saltica, algo parecido al anterior, del que se diferencia por usar granos mayores.

Brachicentrus subnubilis, inconfundible por su estuche cuadrangular, es conocido en estado adulto como "Grannom", también Cul-vert y Sarnosa.

Odontocerum albicorne, caracterizado por la forma cónica y redondeada de su estuche que en estado adulto corresponde al tricóptero gris o plateado.

Goera pilosa, se caracteriza por su diámetro, 5 mm. y 1,5 cm. de largo; es el tricóptero medio, abundante en la mayoría de nuestros cursos de agua.

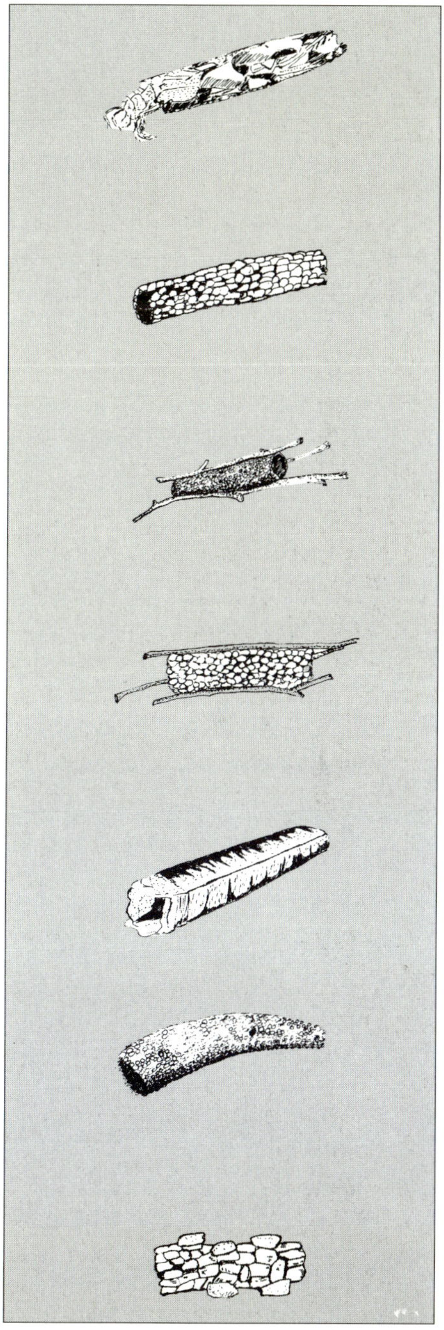

6. MONTAJE DE MOSCAS

MEDIDA DE MOSCAS

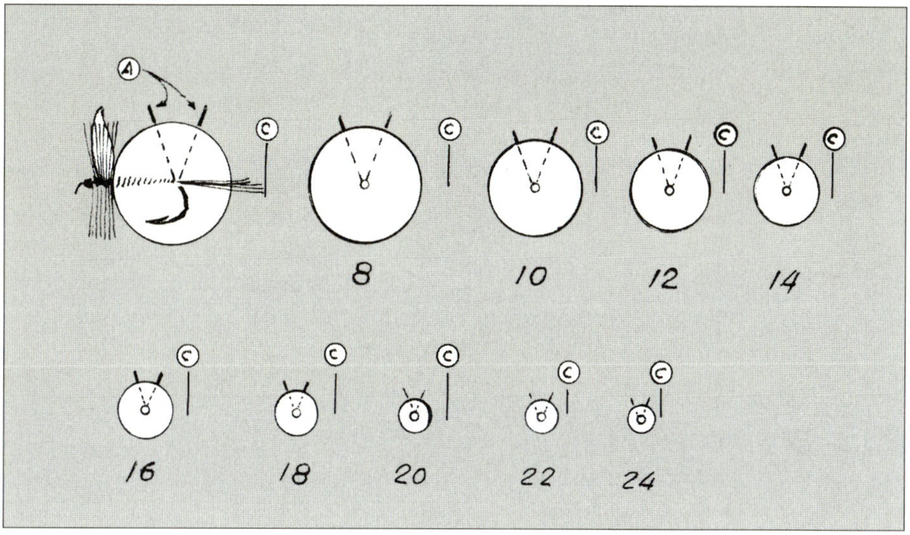

Uno de los errores más frecuentes en el montaje de moscas es la desproporción entre los elementos que las forman. Puede subsanarse mediante la utilización del gráfico representado, en el que para cada tamaño de anzuelo corresponde una longitud definida de "hackles", alas y colas.

ALICATE CON FIJACIÓN

Un alicate al que se le han hecho dos taladros y colocado un tornillo con una tuerca de mariposa constituye un tornillo portátil sencillo y barato, si alguna vez se ve en la necesidad de montar o modificar una mosca al lado del río.

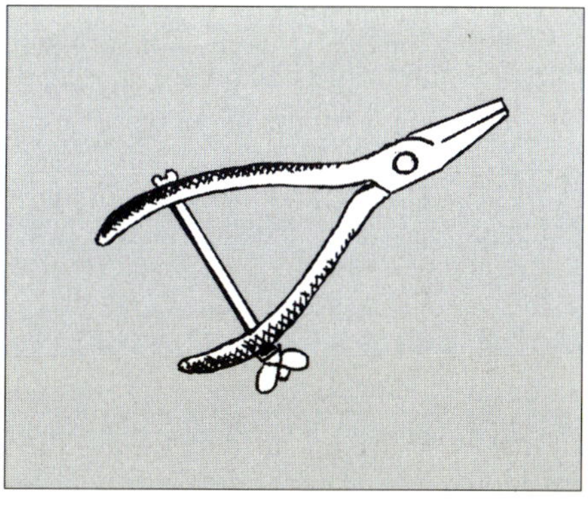

FONDO DE MONTAJE

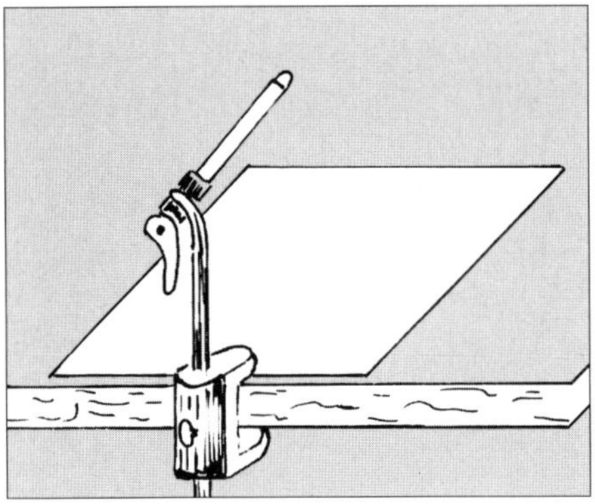

Es conveniente, cuando se montan moscas, disponer de buena luz y excelente contraste; para ello sitúe el lugar de trabajo de forma que la luz llegue por la izquierda y coloque sobre la mesa un fondo de color muy claro o blanco.

MOSCA PARA EL BLACK-BASS

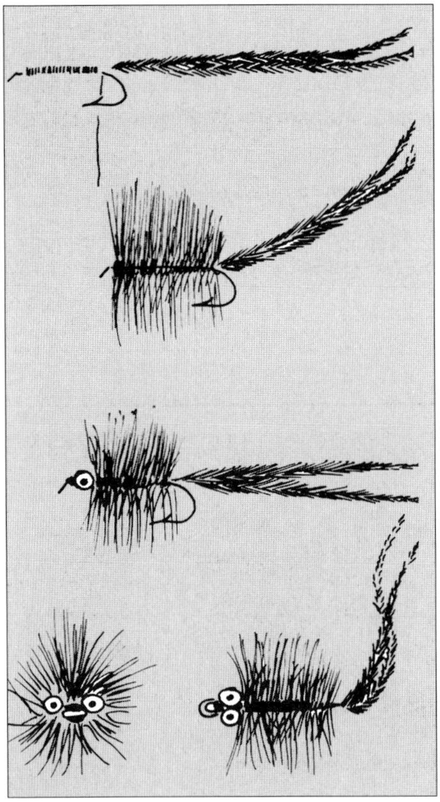

Una mosca extraordinaria para la pesca del black-bass es la "serpiente", siendo su confección muy sencilla. Elija un anzuelo grande, del 2 al 4/0 y plumas largas, estrechas y flexibles del color que prefiera; normalmente las combinaciones de blanco y negro son las que mejores resultados suelen dar. Los ojos hacen el conjunto más atractivo, pero no son imprescindibles. Comience colocando las colas y después haga un cuerpo en "palmer" muy poblado; termine en una cabeza cónica.

LÁPIZ ADHESIVO

Los lápices adhesivos o colas en barra son muy apropiados para engomar el hilo de montaje cuando se hacen moscas con cuerpo en “dubbing”. Retuerza el hilo al mismo tiempo que aplica el adhesivo y coloque después el material sobre el hilo engomado.

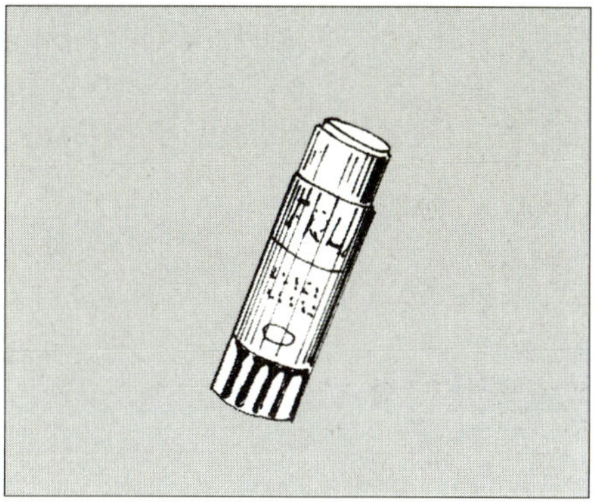

MEDIDA DE LOS “HACKLES”

Otro procedimiento para conseguir la longitud del “hackle” correspondiente a cada anzuelo es pinchando la aguja de “dubbing” en el punto de origen del gráfico, y apoyando en ella la pluma, inclinándola en el sentido de las flechas; la línea que alcance con sus fibras nos indicará el número de anzuelo.

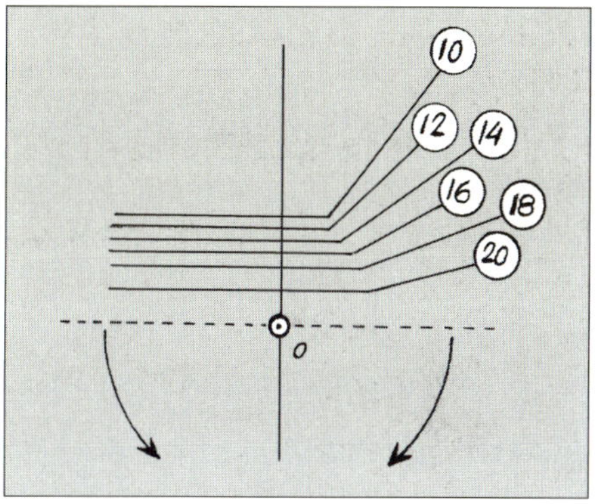

PROTECCIÓN DE LA ANILLA

Nunca tendrá obstruidas las anillas de los anzuelos de sus moscas si ata a la base del tornillo de montaje un pequeño trozo de nylon.
Cuando vaya a barnizar la cabeza de la mosca, introduzca el extremo del nylon en el ojo. De esa forma nunca lo cogerá con barniz.

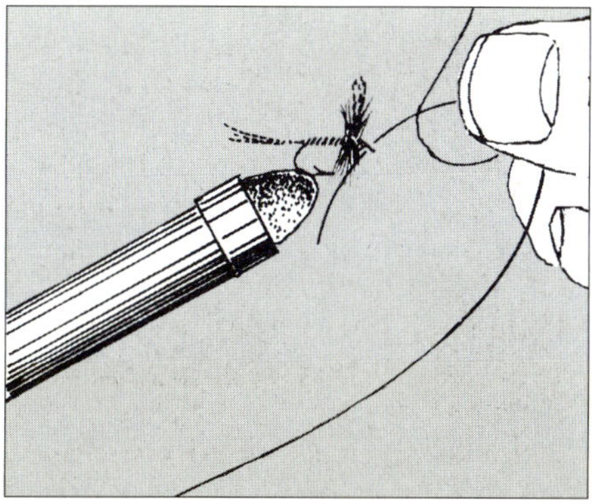

"BUG"

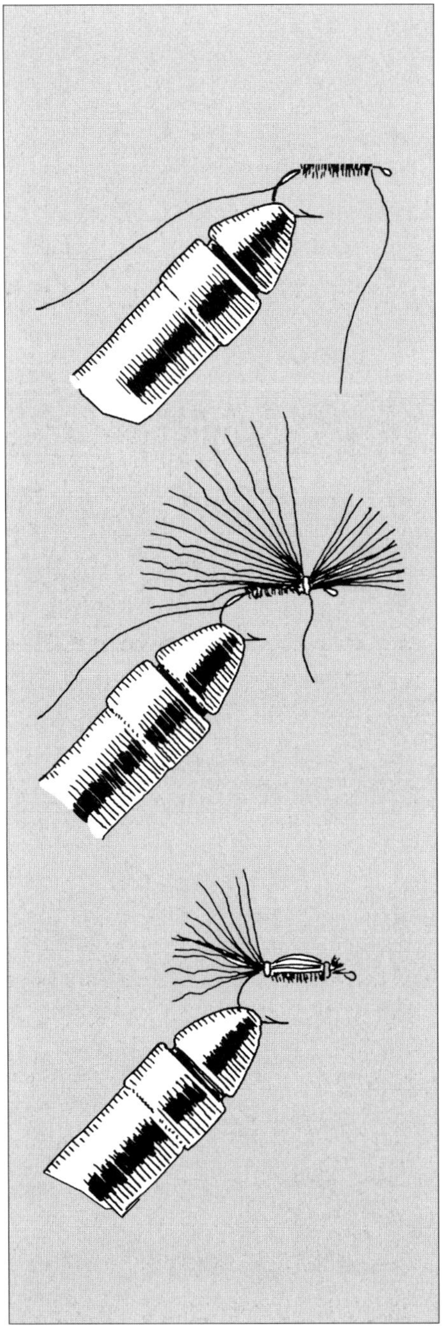

No parece muy ortodoxo utilizar un "bug" para pescar truchas, y menos hacerlo de alguna de las formas que más adelante trataremos de explicar. La construcción del "bug" es sencilla: comience arrollando dos o tres fibras de cola de pavo real alrededor del vástago del anzuelo, que según las aguas donde pesque, serán del número 12 al 16.

Escoja después unas cuantas fibras de venado, tejón o incluso jabalí, y sujételas, exclusivamente por la parte superior del vástago, atándolas a una distancia de 2 mm. de la anilla. Átelas también con la misma seda de montaje en la zona donde se inicia la curvatura del anzuelo y corte el sobrante de la parte delantera. El "bug" ya está terminado; veamos ahora las distintas formas de usarlo.

"BUG" (Continuación)

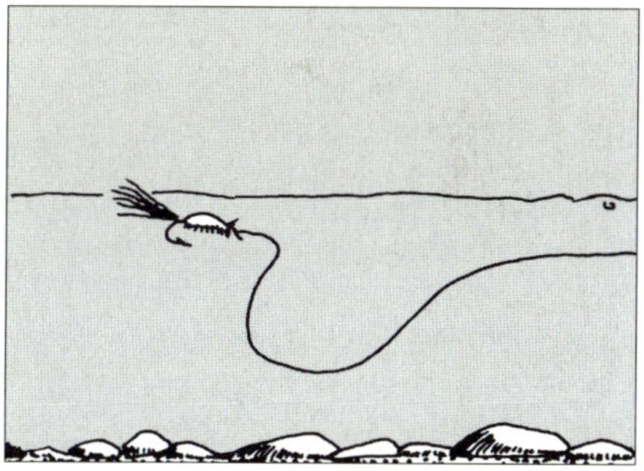

El "bug" puede utilizarse para pescar en superficie, tal como si se tratara de una mosca seca, asemejándose en este caso a un grillo, escarabajo o coleóptero caído al agua accidentalmente.
Puede recogerse a contracorriente, dando entonces la impresión del mismo insecto debatiéndose contra la corriente que trata de arrastrarle.
Si lo dejamos hundir ligeramente, parecerá una efémera emergente, con el saco alar dispuesto para abrirse.
Por último, si lo mantenemos cerca del fondo, dará la impresión de una ninfa.
La versatilidad del "bug" es única. Sin cambiar de mosca podemos utilizarlo como seca, emergente, ahogada o ninfa.
Tal vez a esta extrema facilidad se deba su poco uso.

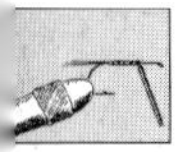

"POPPER"

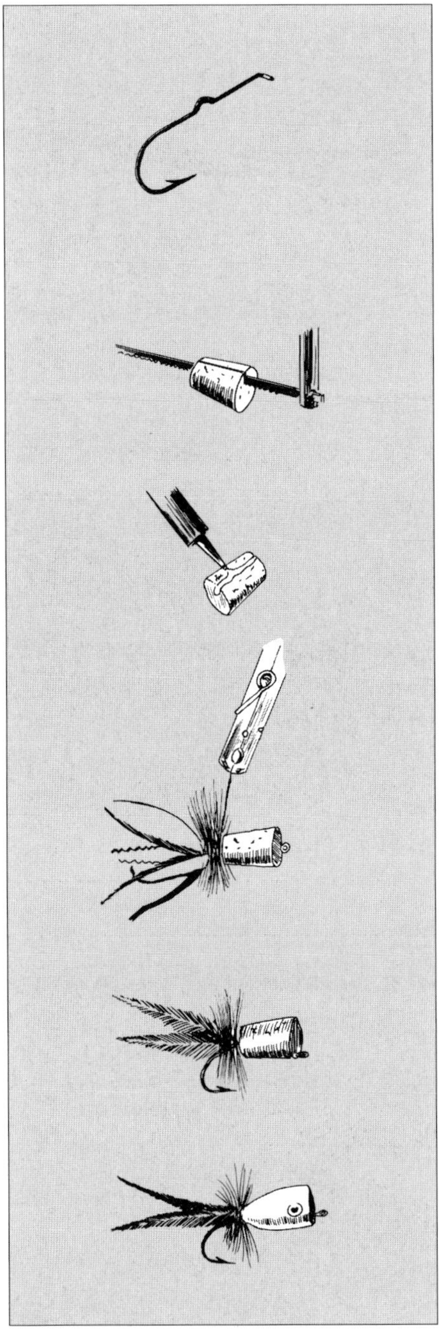

Para fabricar con facilidad un "popper" ligero, lo más indicado es disponer de anzuelos adecuados para ello; éstos se caracterizan por tener, en la parte media del vástago, una curvatura que impide el giro del anzuelo.

Sin embargo, si no dispone de ellos, puede utilizar anzuelos normales de tamaño adecuado al del "popper" a montar.

Comience efectuando una ranura longitudinal al corcho elegido de 5 mm. de profundidad aproximadamente con una sierra de dientes finos y de 1 mm. de grueso. En la ranura así formada efectúe un relleno con pegamento epóxico de dos componentes y coloque el anzuelo en su posición definitiva; espere a que la cola endurezca totalmente, alrededor de veinticuatro horas.

La parte fundamental del "popper" está terminada; para "vestirlo", si no tiene un tornillo de montaje, puede usar una llave "grip" o similar.

Elija "hackles" largos, finos y flexibles para las colas y comience sujetando éstos al vástago del anzuelo mediante un hilo de poliéster del mismo color; deje dos de ellos libres y arrolle otros dos en forma de "palmer" cerca de la parte posterior del "popper".

Puede utilizarlo de esta forma, pero resultará mucho más atractivo, tanto para los black-bass como para usted si lo talla en forma más o menos aerodinámica, barniza y pinta en los colores que su imaginación le sugiera, e incluso le añade unos pequeños ojos de cristal.

ACCESORIO PARA TORNILLO

Un pequeño muelle, montado en la parte posterior de su tornillo, le facilitará en gran manera la sujeción de elementos dispuestos para un posterior montaje, tal como quill o anillados sin enredarse con el hilo o seda de montaje.

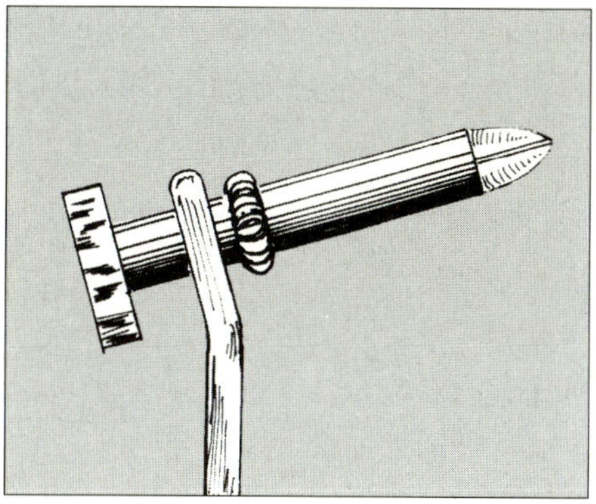

CUERPO SEPARADO

"Cuerpo separado" es el término comúnmente usado cuando el cuerpo de la mosca artificial se separa del vástago del anzuelo. Este tipo de montaje se usa preferentemente para las "grandes efémeras" o moscas de mayo.

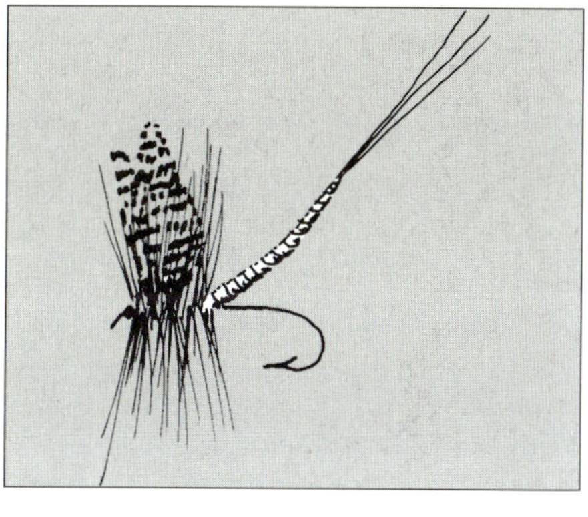

"QUILL"

La mejor forma de obtener cuerpos perfectamente segmentados en una mosca artificial es mediante el uso de "quill" de pavo real. Escójalos de la zona donde dibujan una especie de ojo y quite las pequeñas barbas con la uña o una goma dura.

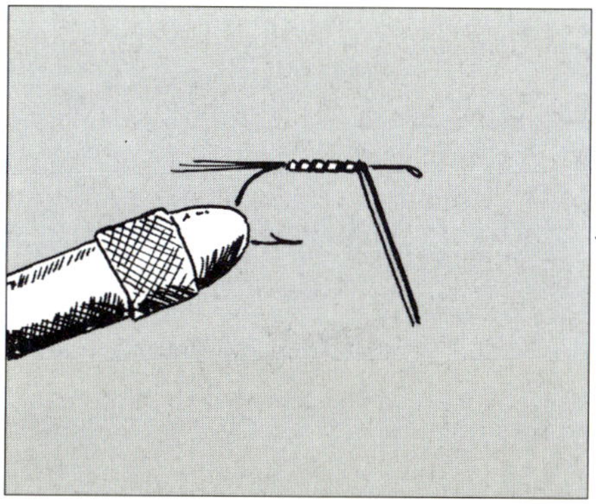

CUERPO DE MOSCAS

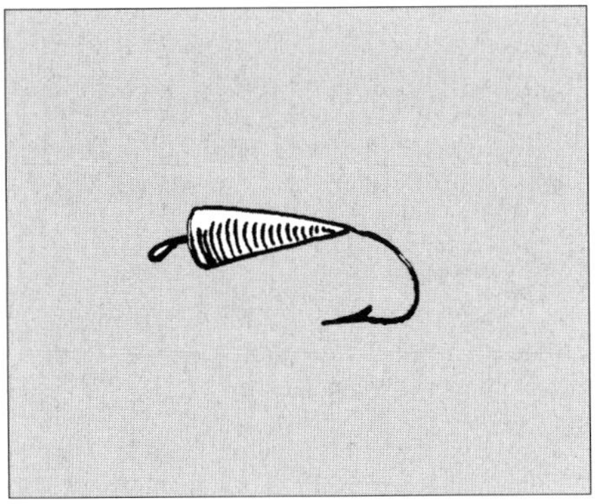

Puede fabricar el cuerpo de sus moscas artificiales mediante fibra de vidrio y resina epóxica, de la utilizada para moldeo plástico, como "Araldit" o "Fellmodur", que puede encontrar en cualquier tienda de bricolaje. El resultado es un poliéster estratificado indestructible.

NINFAS LASTRADAS

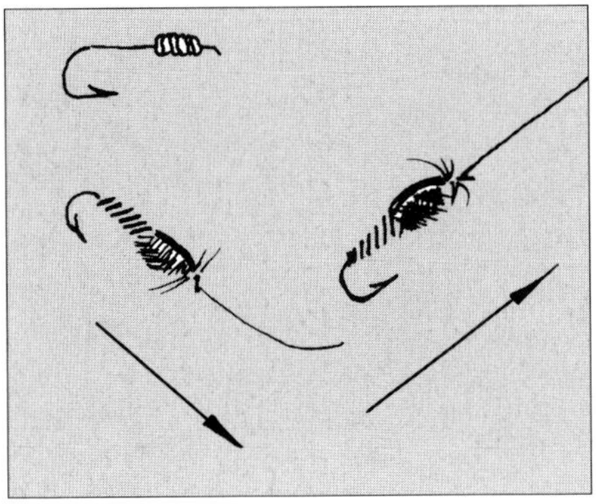

Puede mejorar el movimiento de sus ninfas lastradas si únicamente utiliza unas vueltas de hilo de plomo o de cobre en la zona del abdomen. Las ninfas así construidas se mueven en el agua en un "sube y baja" muy atractivo para las truchas.

NINFAS

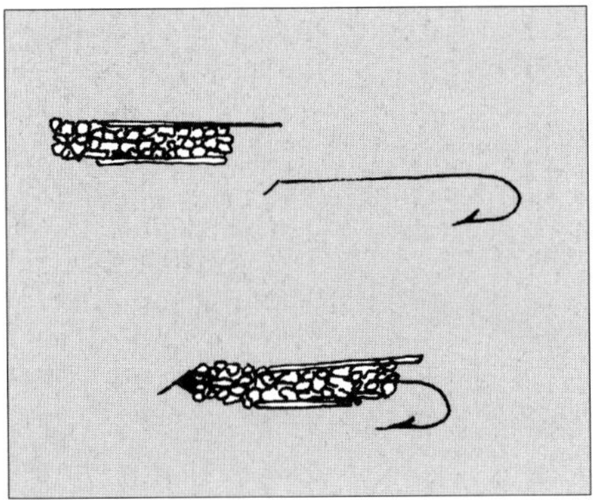

Puede montar unas ninfas excelentes utilizando los "canutillos" de las larvas de tricóptero; use anzuelos de vástago largo y rellene con una mezcla de cola blanca y limaduras de plomo. Dé unas vueltas con seda negra alrededor de la anilla para figurar la cabeza.

"HAIR-BUG"

Varias son las ventajas de la construcción de un "hair-bug", cebo muy utilizado fuera de nuestras fronteras para la pesca del black-bass, especialmente con aparejo de mosca, y esto por muy buenas razones: el hair-bug cae al agua con ligereza, tiembla en la superficie como algo vivo, y tiene un aspecto y un tacto de algo blando y natural, eliminando de esta forma la desconfianza del pez, que, al sentir algo duro en la boca, lo expulsa de forma casi automática.

Su construcción es más fácil de lo que parece, al menos en un modelo tan simple como el que presentamos. Todo lo que necesita es un anzuelo de anilla del 1 al 2/0, un hilo de montaje ligeramente grueso, el nylon para labor de "La Paleta" es de los más adecuados y pelo "hair", de ahí su nombre; no sirve un pelo cualquiera; el pelo de venado es el más usado, ya que por su particular estructura, hueco, permite al "bug" flotar en el agua de forma natural.

Comience arrollando el hilo de montaje y sujetando los pelos que harán la función de colas, después vaya colocando capas de pelo, repartiéndolas de manera uniforme y amontonando una sobre otra; las fibras al apretarlas adquieren una posición vertical, hasta tener prácticamente cubierto el vástago del anzuelo. Con ayuda de unas tijeras finas y afiladas puede proceder a tallar la silueta deseada, posteriormente se le colocan las alas y el resto del pelo.

Este montaje admite infinidad de variantes, puede combinar distintos colores de pelo, poner ojos, etc.

"DUBBING"

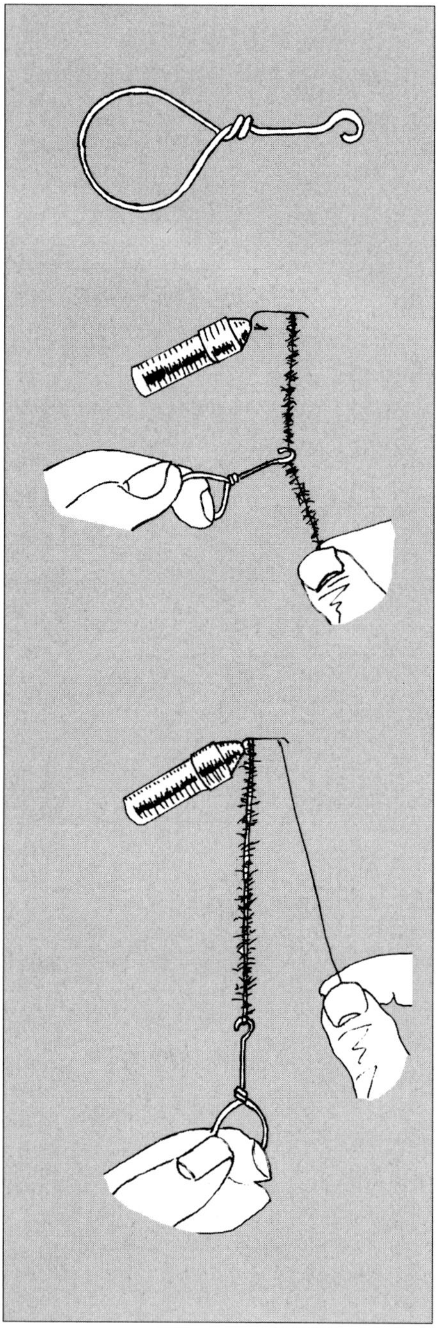

El "dubbing" es un procedimiento utilizado en el montaje de moscas que consiste fundamentalmente en utilizar pequeñas fibras, vegetales, animales o artificiales, para la confección de los cuerpos de las mismas. "Dubbing" es una palabra inglesa, cuya equivalencia en castellano, "dar adobo", no especifica su finalidad, y aunque en algunos casos se ha traducido como "cardado", esta versión la consideramos más acertada, pero peor traducida.

El "dubbing" puede hacerse, como antes hemos dicho, con fibras vegetales: lanas y sedas; animales: pelos; recordar la Tup's indispensable; y artificiales: las fibras sintéticas de polipropileno, conocido comercialmente como poly.

El procedimiento normalmente utilizado para su ejecución consiste en adherir mediante un pegamento ligero, cera, pez o resinas, las fibras mencionadas anteriormente a la seda de montaje, y enrollar el conjunto al vástago del anzuelo.

"DUBBING" (Continuación)

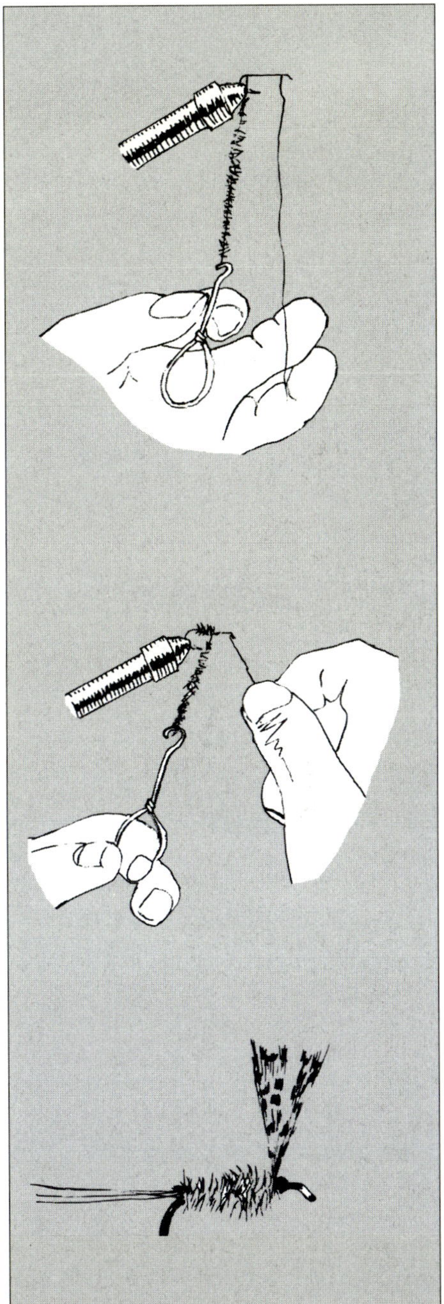

Es necesaria bastante práctica para conseguir cuerpos en "dubbing" aceptables, y esto por varias razones: exceso de fibras; el pegamento debe ser ligero para que las fibras queden sueltas, pero también firme para que no se caigan.

Si queremos hacer un "dubbing" con fibras animales huecas, como pelo de venado, que aseguran la flotación de la mosca sin necesidad de "hackles", su rigidez hace difícil el montaje, pero es fácil de evitar esta dificultad usando el pequeño útil mostrado en la figura, que nos permite hacer un montaje doble, encerrando, por así decir, las fibras al retorcer la seda de montaje.

Aunque el procedimiento es general, hemos dibujado el montaje de una "mosca de pelo" sin "hackles".

MOSCA PARA EL ATARDECER

Cuando pesque a última hora de la tarde, utilice moscas como la "Tricolore", pero sustituyendo los "hackles" grises por blancos o grizzly, y podrá ver la mosca con facilidad. Los "hackles" naranja y butano son también muy visibles.

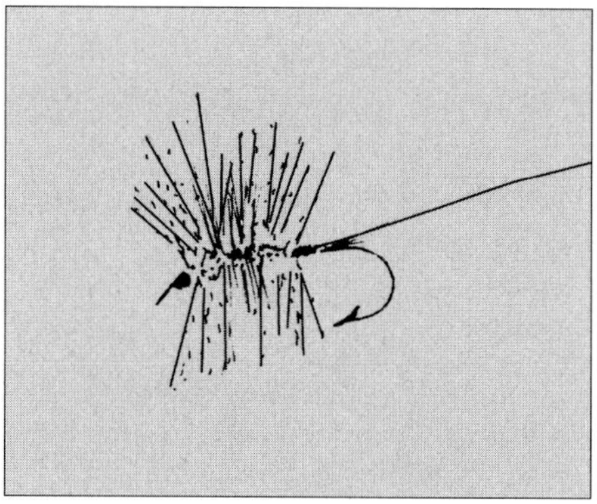

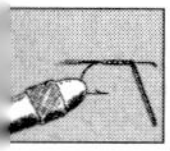

PINZA DE "HACKLE"

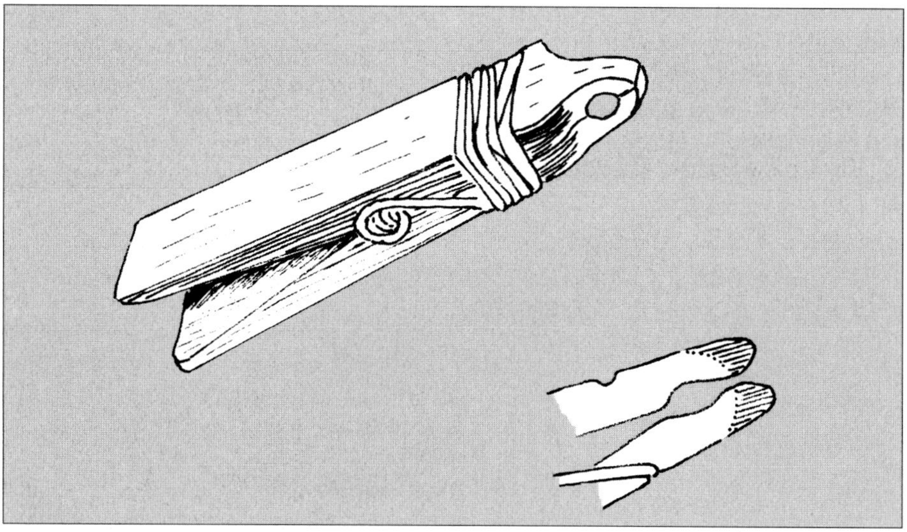

Una pinza de tender ropa, de madera, modificada según indica el dibujo, constituye un útil económico y eficaz para montar moscas; sujeta el "hackle" con absoluta perfección. La banda de goma arrollada alrededor de las mordazas le ayudará a mantener la presión.

7. PESCA EN MAR

PLOMOS DESECHABLES

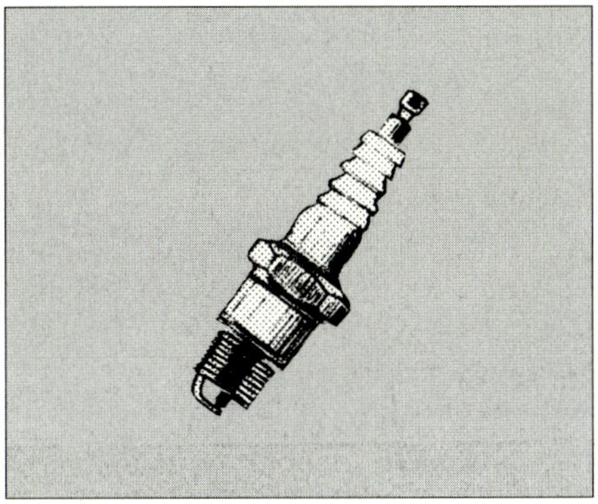

Use bujías viejas en lugar de plomos cuando pesque en fondos rocosos; su pérdida no supone ningún gasto, ya que puede conseguirlas fácilmente en el taller donde reparen su coche o en cualquier desguace. Cierre los electrodos para sujetar la línea.

ANILLA DE ANZUELOS

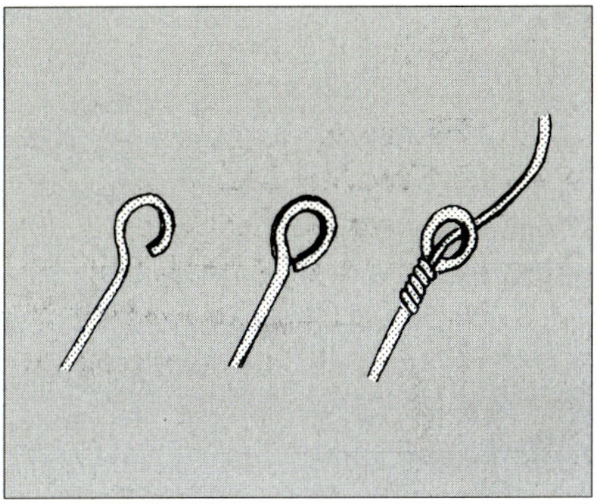

Si usa anzuelos con anilla pescando en mar, y si los ata a través de ésta, compruebe siempre el cierre de la misma. La mejor solución tal vez sea sujetarlos de forma tradicional.
No olvide que la tracción ejercida por la línea puede terminar abriendo la anilla.

"BULDO"

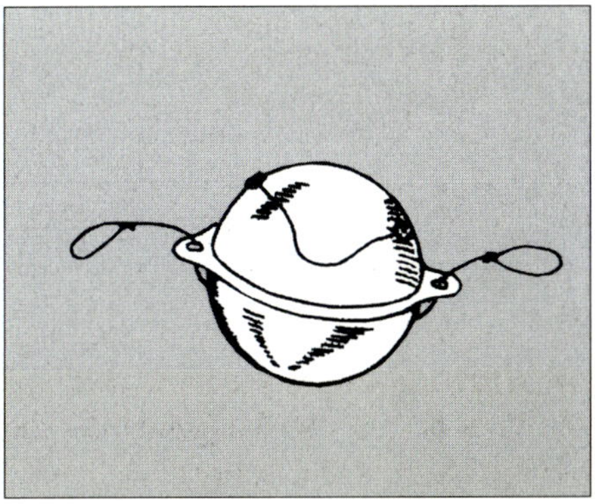

Si utiliza el "buldo" para pescar en el mar, nunca lo use atando la línea a él directamente; haga un puente con nylon grueso, o mejor con hilo de acero.

PESCA A FONDO

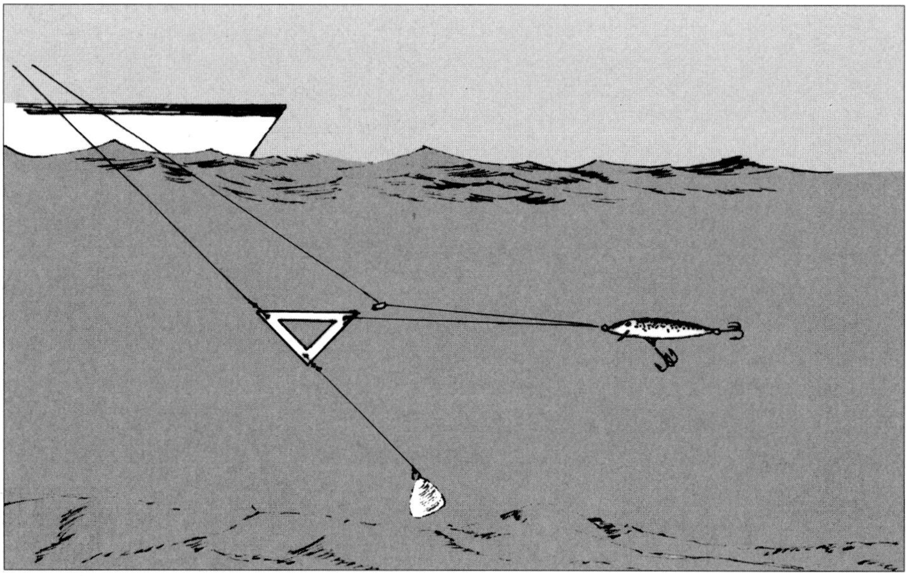

El triángulo es un accesorio bastante simple, usado en la traina de fondo. Tiene el inconveniente de que, al producirse la picada, es necesario remontar todo el conjunto; algo que no sucede con los modernos y más costosos aparejos que se fijan a la borda de la embarcación. Sin embargo, si sustituye el emerillón que sujeta la línea del cebo por una pinza de presión regulable, ésta se soltará en el momento de la picada, permitiéndole una lucha directa con el pez.

APAREJO PARA MÚJOL

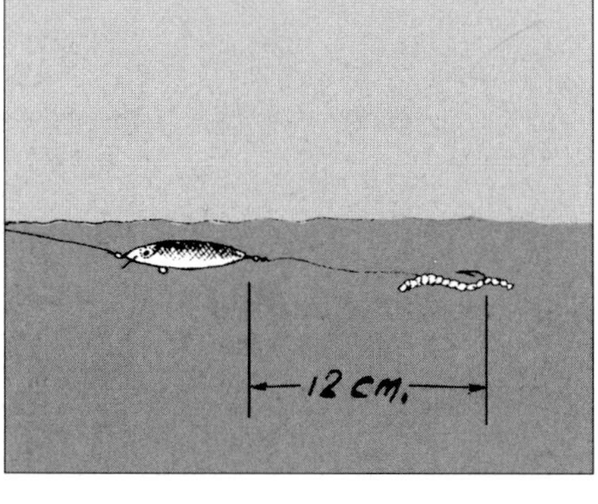

Una de las técnicas usadas para la pesca del mújol es la de la "cucharilla cebada", consistente en sustituir el anzuelo triple por uno sencillo cebado con lombriz. Utilice en lugar de cucharilla un Rapala flotante. Se asombrará de los resultados.

CUCHARILLA CON PLOMO

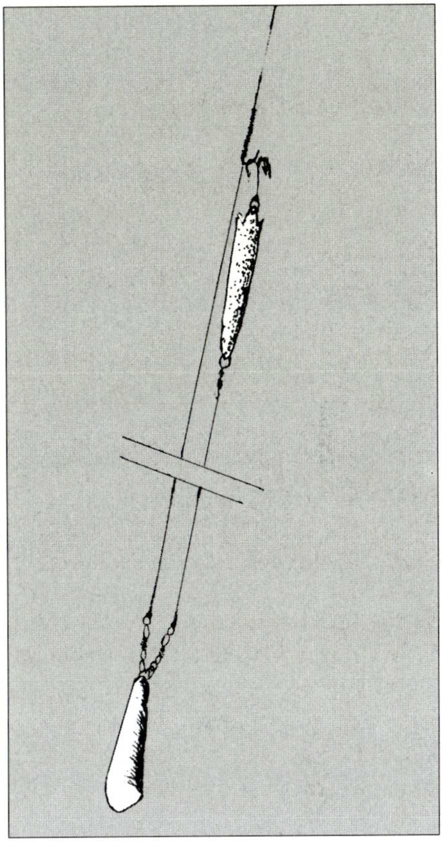

Si pesca en el mar al lanzado, utilizando cucharillas ligeras, el sistema para alcanzar mayores distancias, a la vez que sirve para hacerlo en zonas próximas al fondo, es el presentado en la figura adjunta.
Consiste esencialmente en un plomo de 30 a 60 gr. al que se fijan, mediante dos emerillones, la línea procedente del carrete y la de la cucharilla. Un pequeño gancho para sujetar la cucharilla evitará los enredos.
En el caso de que desee pescar en zonas próximas a la superficie, puede sustituir el plomo por un "buldo" lleno de agua de peso equivalente.

MOLDE PARA PLOMOS

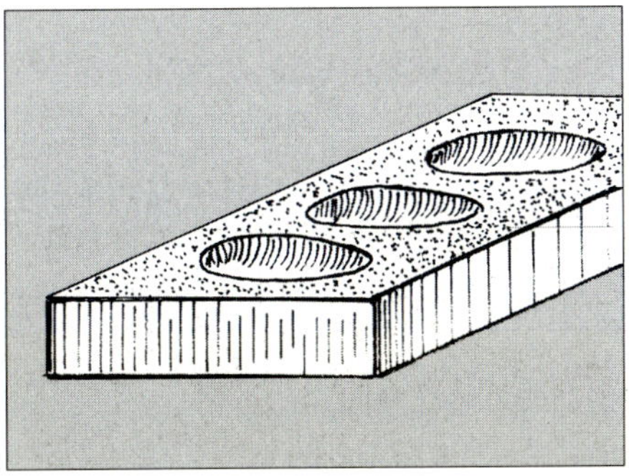

El coste de los plomos pescando al surf-casting no es despreciable, ya que suelen engancharse con frecuencia. Existen en el mercado ciertos moldes para hacerlos; sin embargo, es fácil construirlos con un poco de escayola donde puede fundirlos dándoles la forma deseada.

ESPECIES MARINAS COSTERAS

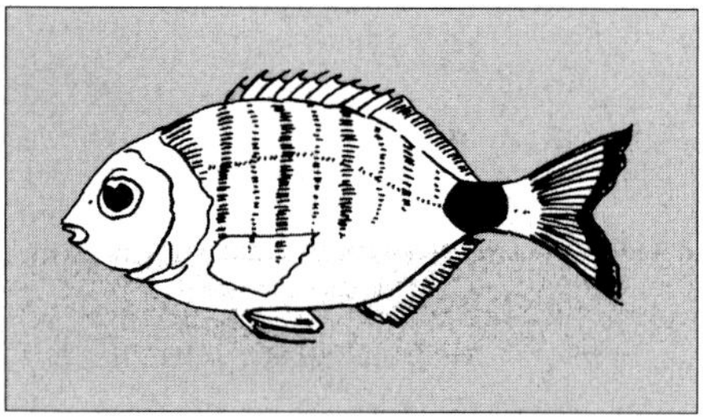

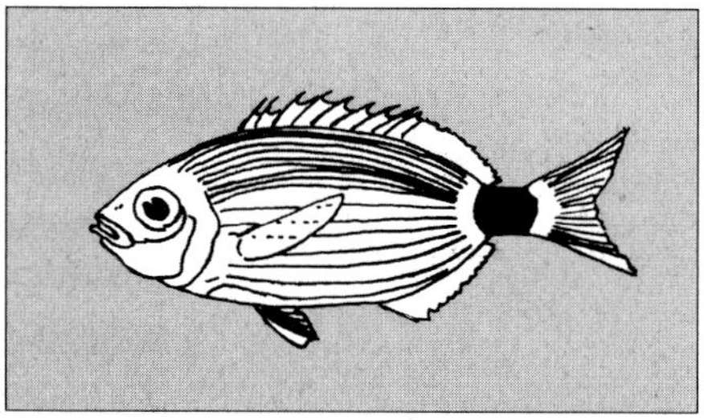

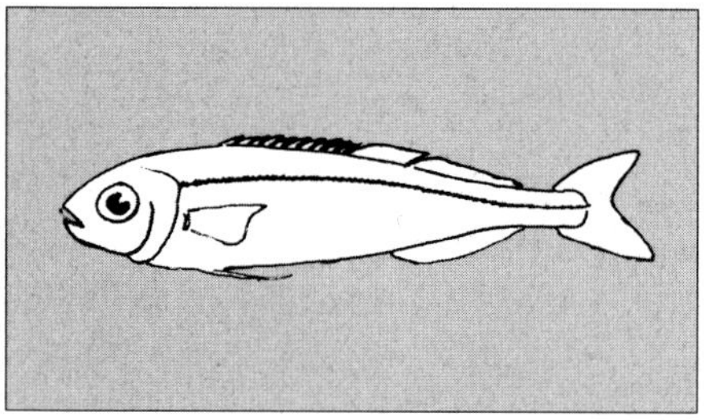

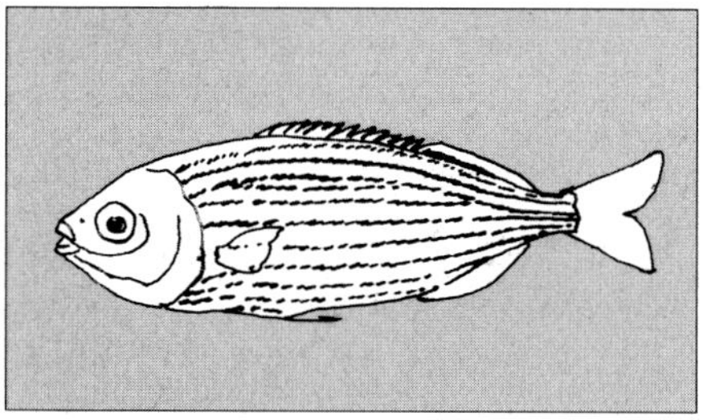

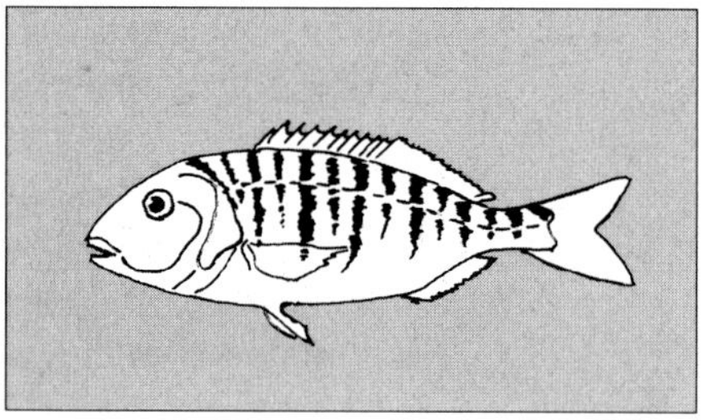

Si es usted pescador de mar, las siluetas de los peces de la izquierda le resultarán familiares; pero si ha pescado siempre en río, y ha decidido pasar sus próximas vacaciones junto al mar, llevándose sus cañas, son estas especies las que tienen mayores probabilidades de encontrarse al extremo de su anzuelo pescando en puertos y zonas costeras con aparejos de río. Sus nombres, de arriba abajo, son:

Sargo. *Diplodus sargus*; de esta familia existen otras tres especies muy parecidas, el picudo, el raspallón y la mojarra. Puede pesar 1/2 kilo.

Oblada. *Oblada melanura*; se conoce como doblada y chopa. Es hervíbora, aunque también come gusanos y crustáceos. Alcanza los 500 gr.

Boga. *Boops boops*; frecuenta la costa en primavera y verano. Hasta 200 gr.

Salpa. *Boops salpa*; también llamada salema y panchona; bandos numerosos en fondos de roca.

Herrera. *Pagellus mormyrus*; magre, mabre, erla; se adentra en las rías.

ESPECIES MARINAS COSTERAS (Continuación)

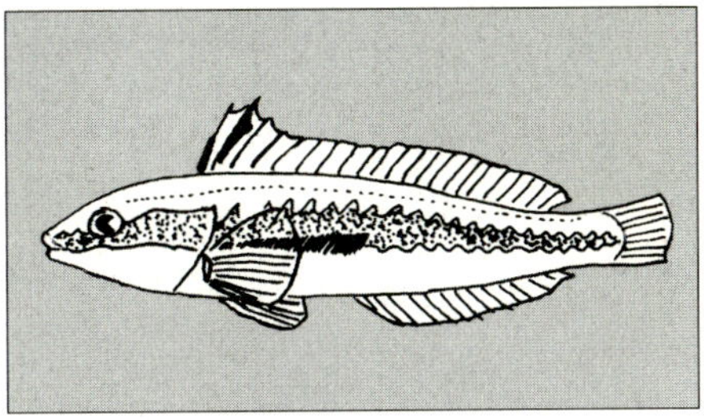

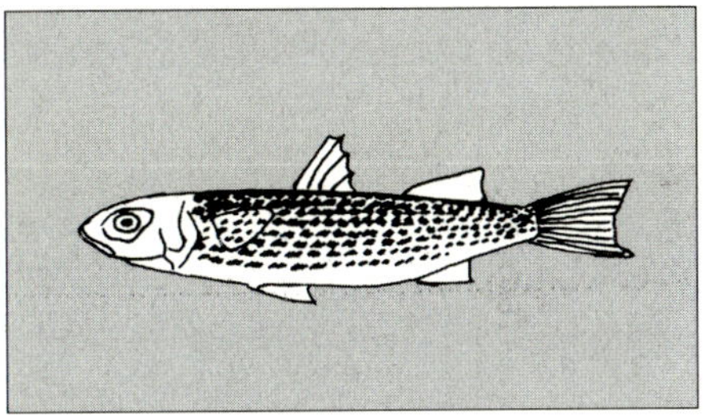

Doncella. *Coris julis*; también julia, señorita. Un verdadero carnaval de colores; abunda en los fondos rocosos litorales.

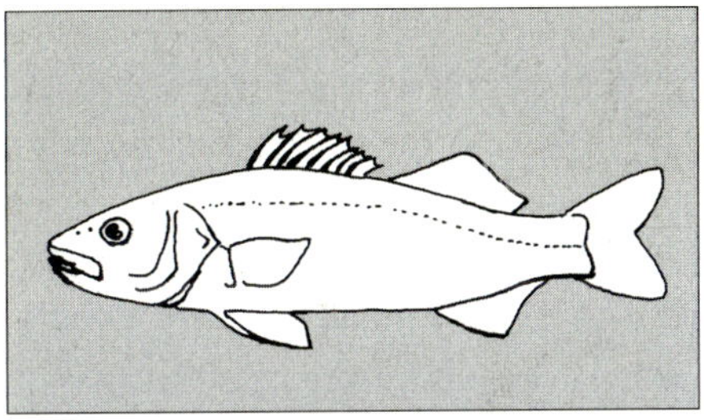

Mújol. *Mugil cephalus*; existen cinco especies muy parecidas, se le conoce como llisa, muble, muil, corcón. El *M. cephalus* puede pesar hasta 6 kg. y medir 1 m. de longitud.

Lubina. *Morone labrax*; llobarro, robaliza, el más apetecido de los peces marinos, hasta 12 kg. de peso.

Castañuela. *Chromis chromis*; negrita, soldado; de un bello color negro azulado. Ocasionalmente entra en puertos.

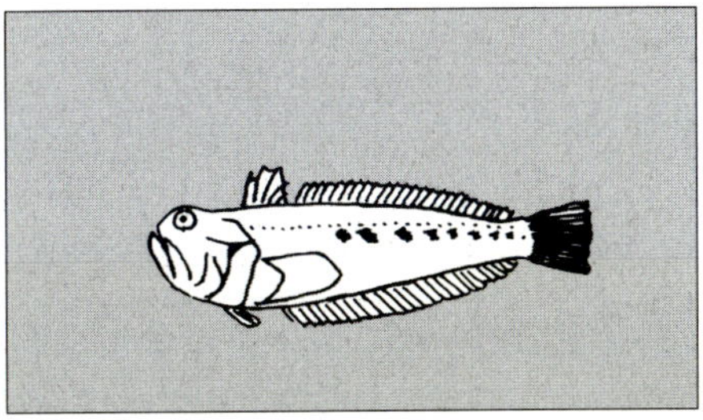

Araña. *Trachinus draco* y *T. vipera*; salvariego, faneca brava. MUY PELIGROSO, no lo toque. *Trachinus* quiere decir punzante. Este pez dispone de aguijones venenosos en la aleta dorsal y en los opérculos que, si se le clavan, le pueden estropear seriamente sus vacaciones.

MONTAJE SURF-CASTING

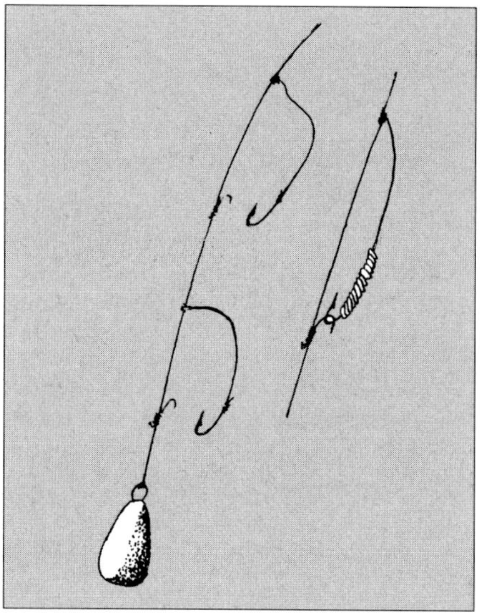

Pescar al lanzado en el mar "surf-casting" requiere el uso de cañas potentes y plomos pesados, lo que en ocasiones no permite el uso de cebos delicados y frágiles, que suelen deshacerse o soltarse debido a la fuerza del lanzamiento.

Para evitarlo, proponemos el montaje esquematizado en el dibujo adjunto. Se trata de montar en la línea dos o varios ganchos pequeños para sujetar los anzuelos que llevan los cebos. Tan pronto como la línea llegue al agua, éstos se sueltan. Como ganchos puede usar anzuelos pequeños, a los que les habrá quitado la "muerte".

APAREJO

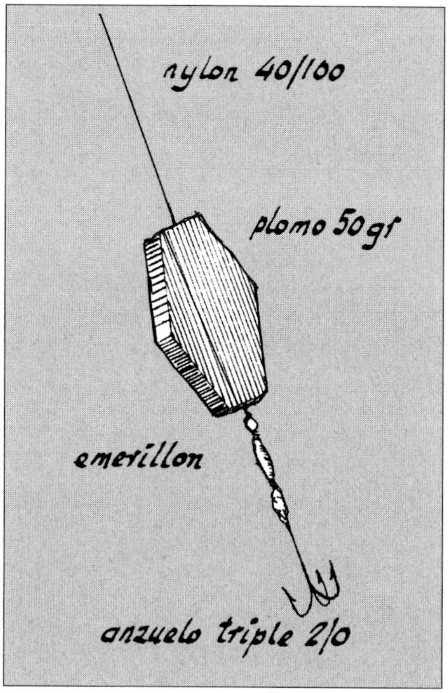

Lenguados, gallos y otros peces planos pueden pescarse con el aparejo representado en la figura; un plomo plano de 50 a 75 gr. al que se le sujeta un anzuelo triple del n.º 2 al 4/0.

El aparejo se debe lanzar en fondos de arena, esto es imprescindible, con la marea subiendo y se ha de recoger despacio pero de forma continua. Las mejores zonas son las playas poco concurridas y los estuarios en la zona próxima a su desembocadura. Puede utilizar caña y carrete, si lo desea, pero puede hacerlo perfectamente lanzando el plomo a mano.

8. NUDOS

SUJECIÓN DE LAS BOTAS

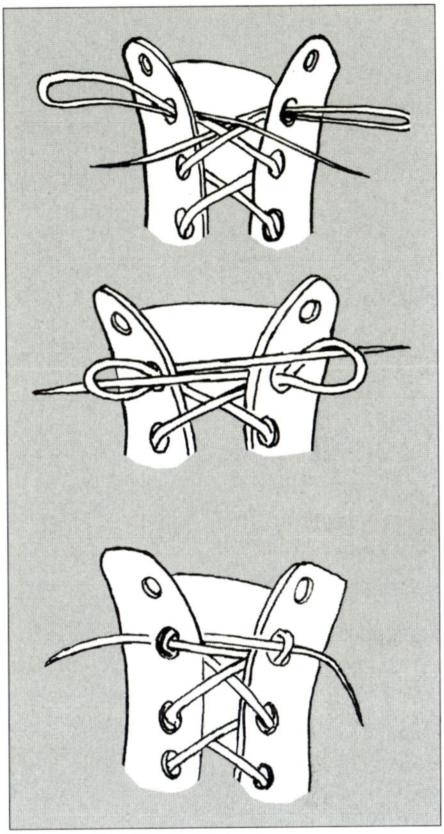

No hay nada más incómodo que un nudo en las botas que se desata de forma continua.
Suele ser causa de problemas e incluso en ocasiones de rozaduras.
Sin embargo, el remedio es sencillo; basta asegurar el nudo, antes de hacerlo, pasando los extremos sueltos a través de dos lazadas, según puede observarse en el dibujo.
Puede estar absolutamente seguro de que el nudo realizado de esta forma no se soltará si no es intencionadamente, ya que las dos lazadas son suficientes para sujetar la bota.

"CLINCH KNOT" MEJORADO

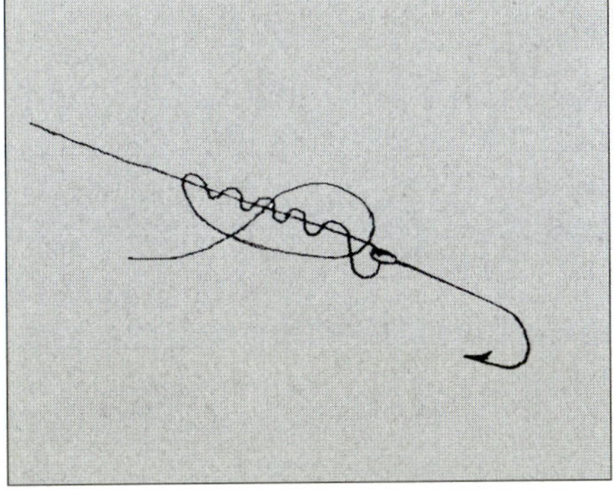

Si utiliza un nudo del tipo "clinch knot" para atar su mosca o cucharilla, una precaución importante es pasar dos veces el nylon por el bucle, y para evitar que las espiras se superpongan, humedecerlo con saliva antes de apretarlo.

NUDO EN ANILLA PEZ

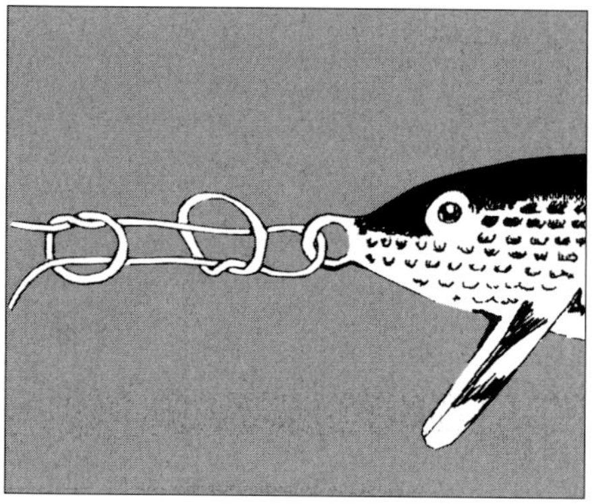

La forma más correcta de fijar a la línea un pez artificial es mediante un nudo en bucle fijo. Le da mucha mayor movilidad que sujetándolo con un nudo atado directamente a la anilla. Si usa líneas finas, haga los nudos dobles.

MONTURA EN DERIVACIÓN

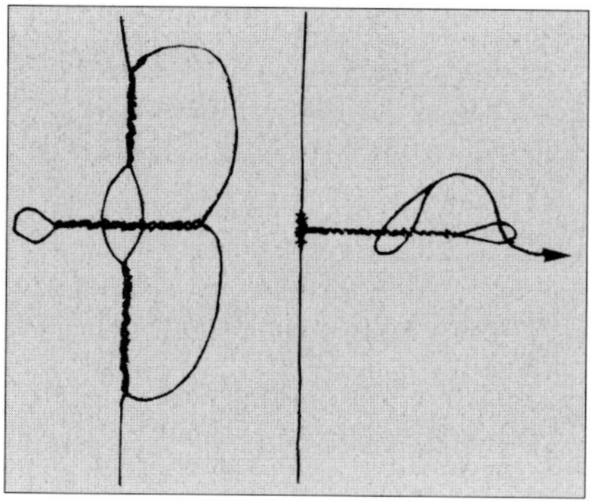

Cuando se pesca con líneas de fondo, esto es, plomada al final de la línea y aparejos en derivación, una de las formas de evitar que estos aparejos se enreden con el cuerpo de línea es la señalada en la figura, fácil de hacer y que permite un cambio rápido de aparejo.

BALLESTRINQUE

¿Sabe hacer un ballestrinque? Es el nudo más simple y posiblemente el más usado a bordo de una embarcación. Sirve para sujetar cualquier cosa y tiene la ventaja de que cuanto más se tira de él más se aprieta. Úselo sin dudar cuando desee atar algo firmemente.

SUJECIÓN DE LA LÍNEA AL CARRETE

Hay infinidad de formas para atar el extremo del nylon al eje de la bobina del carrete. La que mostramos en la figura es una de las más fáciles, cómodas y efectivas. Impide desde la primera vuelta de arrollamiento que la línea resbale sobre el eje.

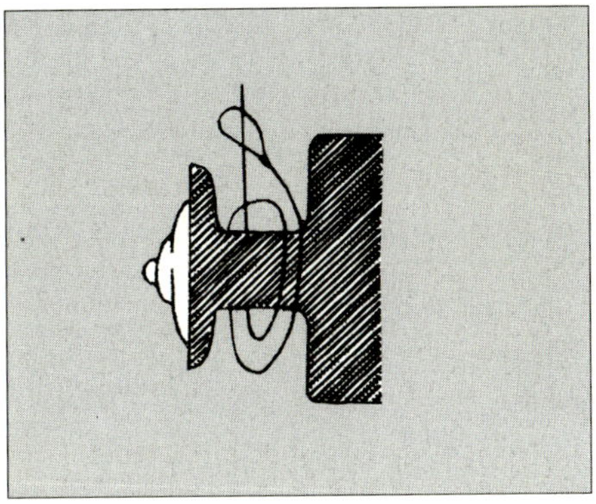

HILO METÁLICO

Si quiere atar un anzuelo directamente a un hilo metálico, y no dispone de manguitos ni tenaza para comprimirlos, la única forma posible es el nudo en ocho; lo hará mucho mejor si la línea que desea atar está formada por varios hilos. Corte el extremo libre.

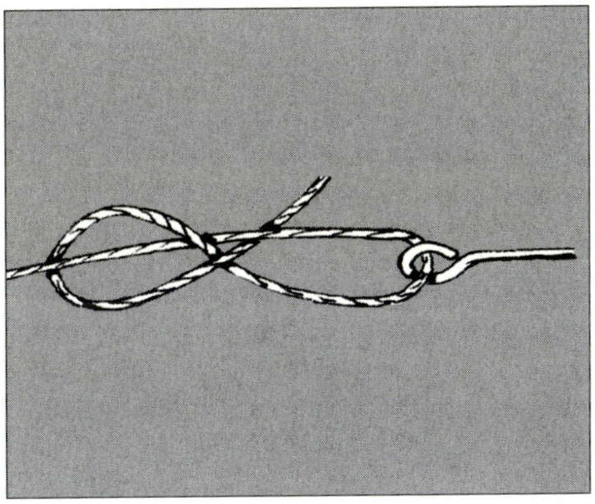

NUDO "NAIL"

Una de las formas recomendadas para unir el bajo a la línea de mosca es el nudo "nail", que puede mejorarse mediante dos ligaduras ligeramente barnizadas. Con ello conseguirá un perfecto deslizamiento a través de la última anilla de la caña.

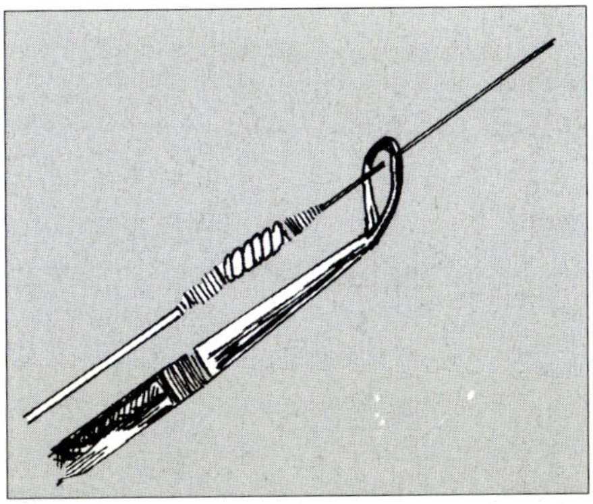

"BIMINI TWIST"

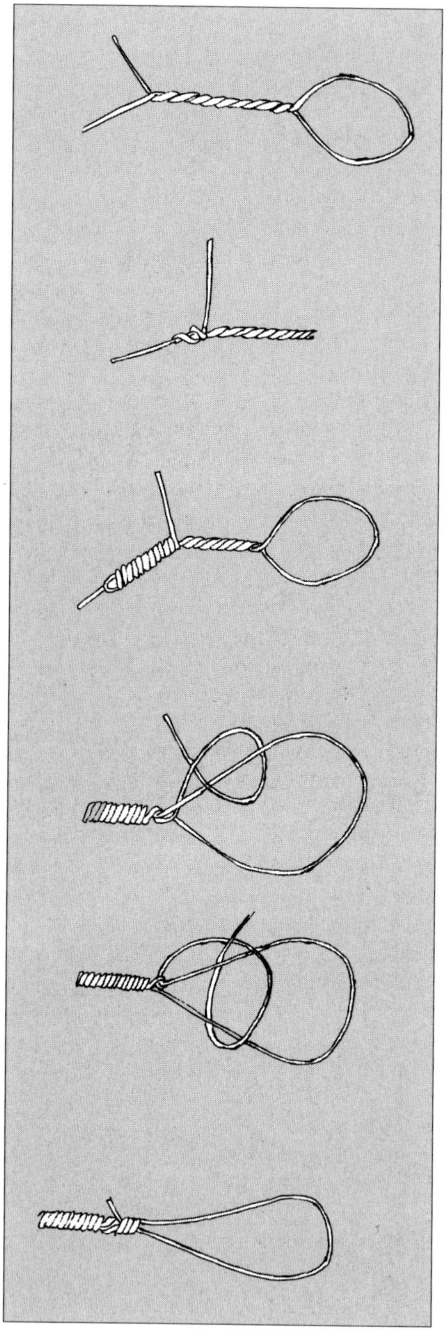

¿Conoce el "Bimini twist", o nudo Bimini? Es un nudo usado casi obligatoriamente en la pesca de mar para doblar la línea en los últimos cuatro metros y medio de acuerdo con la reglamentación IGFA (International Game Fishing Association).
Sin embargo, consideramos que es el nudo que ofrece más resistencia para asegurar una gaza al extremo de cualquier línea, y si hace ésta lo suficientemente larga, le permitirá asegurar de la mejor forma posible una cuchara, un pez artificial o cualquier otro señuelo, al mismo tiempo que le permitirá cambiarlo con gran facilidad.
Aunque su ejecución resulta mucho más simple con líneas de dacrón, normalmente utilizadas en pesca marítima, puede efectuarlo también con cualquier monofilamento, siempre que no sea demasiado fino.

MONTAJE PARA OVA

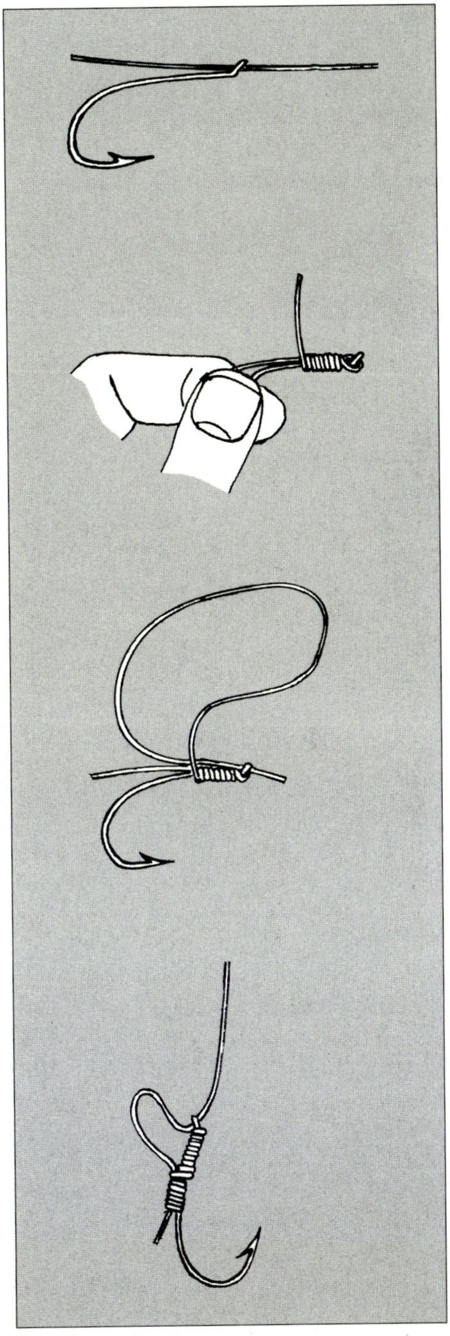

El montaje que presentamos en las figuras es una de las mejores soluciones para pescar con algunos cebos vegetales, como la ova.

Debe utilizarse un anzuelo de anilla y un nylon no demasiado fino.

Comience pasando el nylon a través de la anilla del anzuelo y sujete ese extremo contra el vástago del mismo.

Gire el otro extremo alrededor del vástago, de 10 a 15 vueltas son suficientes, y efectúe un bucle, tal como puede observarse en la figura tercera, pasando nuevamente el extremo libre a través de la anilla del anzuelo.

Gire de nuevo sobre el vástago al otro extremo del bucle, 8 a 10 vueltas en este caso, y pase el extremo libre, el que se había dejado junto al vástago a través de estas últimas vueltas. Con esto todo el conjunto quedará perfectamente sujeto.

El bucle que queda entre la anilla del anzuelo y el comienzo del segundo arrollamiento nos servirá para sujetar cualquier cebo de tipo vegetal, como la ova, y también, ¿por qué no?, un puñado de lombrices, o unos lomos de sardina.

MEJORA DE LOS NUDOS

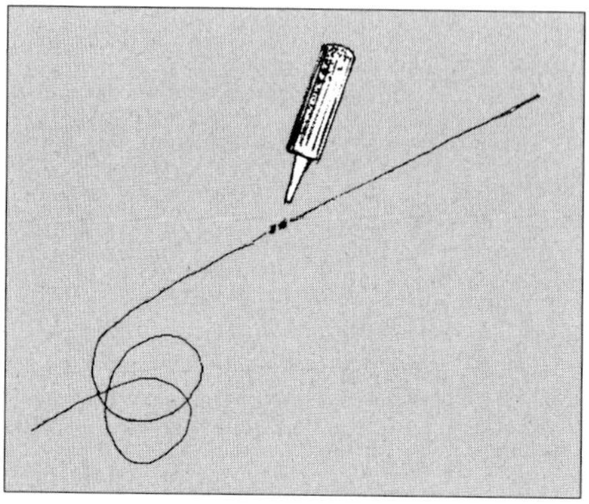

Los nudos del bajo de línea, sobre todo cuando estos bajos son muy finos, 12 ó 10/100, suelen ser el punto débil de nuestro aparejo cuando el adversario, trucha o reo, son de tamaño medio. Puede mejorar bastante su resistencia añadiendo, después de hechos, una gota de cyanoctilato.

"CLINCH KNOT"

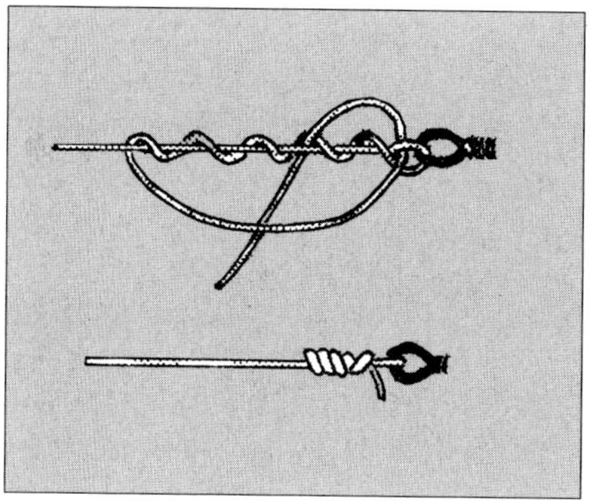

El "Clinch knot" es el nudo más sencillo y rápido para sujetar una cucharilla a la línea; su resistencia es aproximadamente el 80% de ésta.
Puede aumentarse ligeramente utilizando la línea doble. Un consejo: mójelo antes de apretar.

APRETADO DE NUDOS

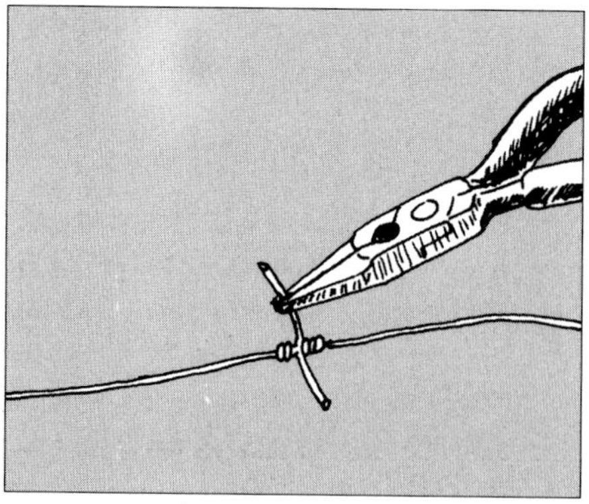

Cuando haga nudos en aparejos gruesos, superiores a 50/100, utilice unas pinzas o alicates pequeños para apretarlos. El resultado es incomparablemente mejor y más seguro que si el nudo se aprieta exclusivamente con los dedos.

NUDO "PALOMAR"

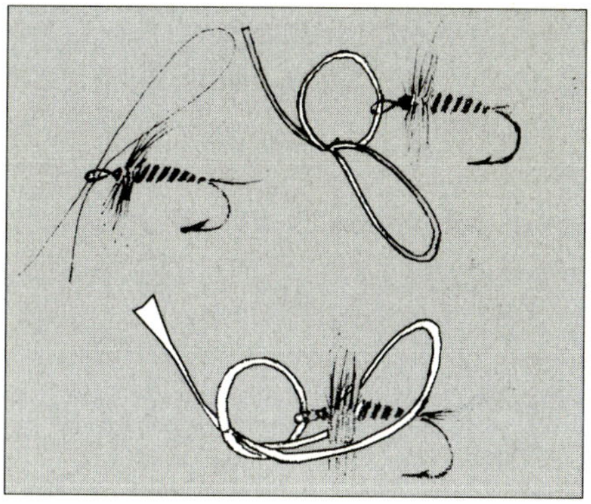

El nudo conocido con el nombre de "Palomar" se usa comúnmente en agua salada; sin embargo, es de gran utilidad en la pesca con mosca cuando se utilizan bajos finos. La dificultad consiste en pasar dos veces la línea por el ojo del anzuelo.

"BLOOD KNOT"

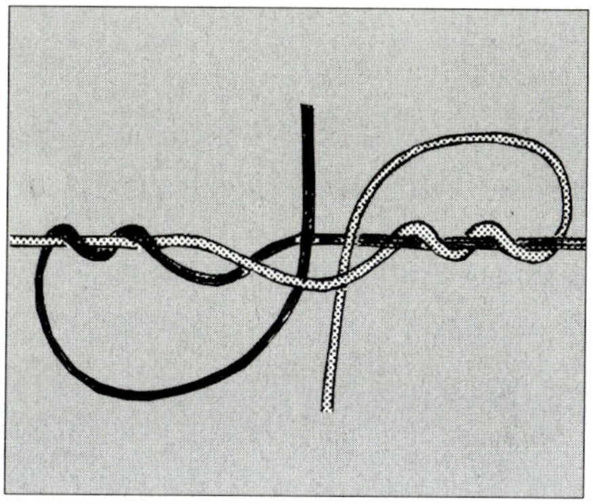

El "Blood-knot" es posiblemente el mejor nudo para unir dos líneas de igual o parecido diámetro; no resbala, y conserva aproximadamente el ochenta por ciento de la resistencia de la línea más fina. No debe usarse cuando la diferencia de diámetro es grande.

ANILLADO DE CAÑAS

Una de las mejores maneras de dar al anillado de sus cañas un aspecto y acabado profesionales es mediante el uso de funda de PVC retráctil, que tiene la virtud de encoger al calentarse. Use un secador de pelo y gire la caña.

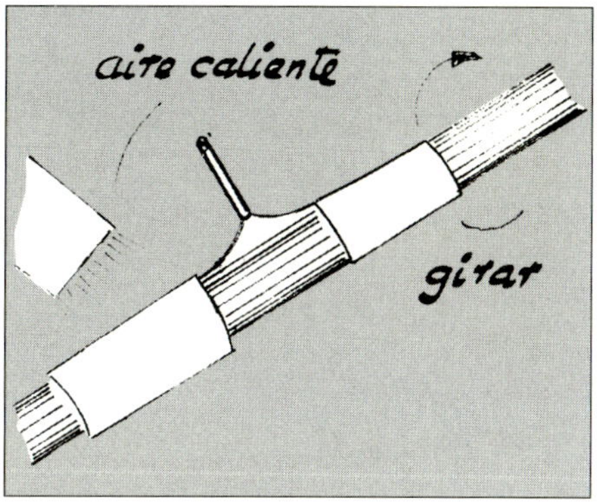

ACCESORIO PARA ANILLADO

Un artilugio como el presentado en la figura, construido a partir de una pinza de madera de las usadas para tender ropa, le será de gran utilidad en el momento de colocar anillas en una caña para realizar el "whip-finish" o nudo final.

Basta encolar en la mordaza de la pinza un alambre doblado de pequeño diámetro y realizar el anillado sobre el mismo, tal como se muestra en la figura inferior. Al finalizar el anillado, el hilo pasará con facilidad.

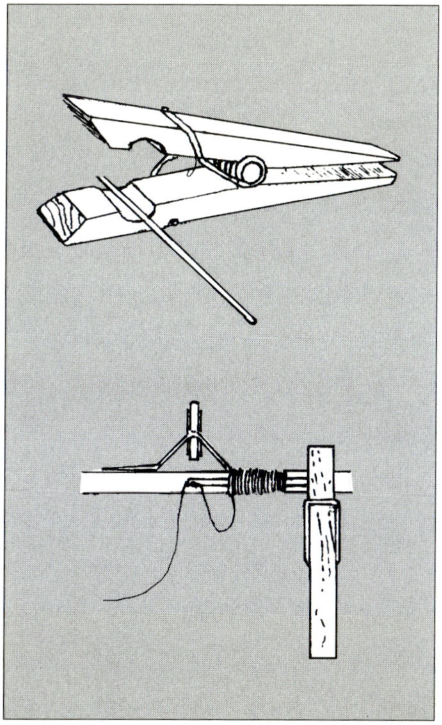

PECES ARTIFICIALES

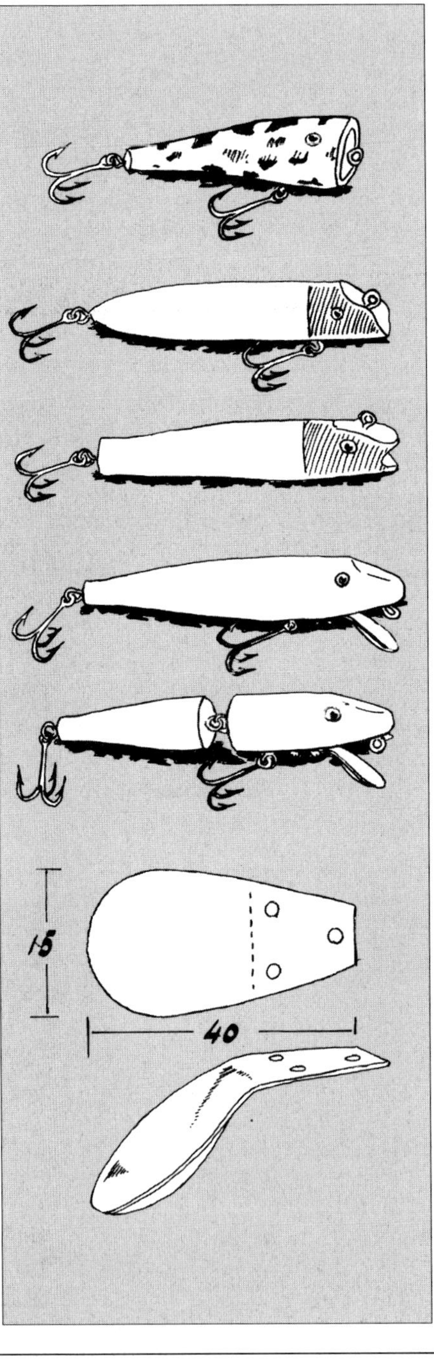

Posiblemente nada sea más satisfactorio que capturar un pez mediante el uso de un señuelo fabricado por el propio pescador. Esto lo saben bien los pescadores de trucha, que en algunos casos dedican más tiempo a la fabricación de moscas que a la pesca.

Los peces artificiales no son más complicados que algunas moscas, todo cuanto necesita son algunos trozos de madera dura, algo de pintura y unas pocas herramientas, así como algo de paciencia. Los modelos presentados son los más comúnmente utilizados. Su longitud puede variar entre 8 y 12 cm. para un diámetro máximo de 15 a 25 mm.

El babero metálico se confecciona con un trozo de chapa de latón o aluminio, dándole forma con un martillo de bola. Puede pintarlos con pincel o spray, dejando secar varias horas entre capa y capa de pintura.

BARNIZADO DE LA CAÑA

Si su caña tiene algún desperfecto pequeño en el barniz, rozadura o arañazo, tal vez sea más conveniente cubrirlo utilizando el extremo de una pluma que un pincel, ya que éste deja más cantidad de barniz que el que puede soportar el extremo de la pluma.

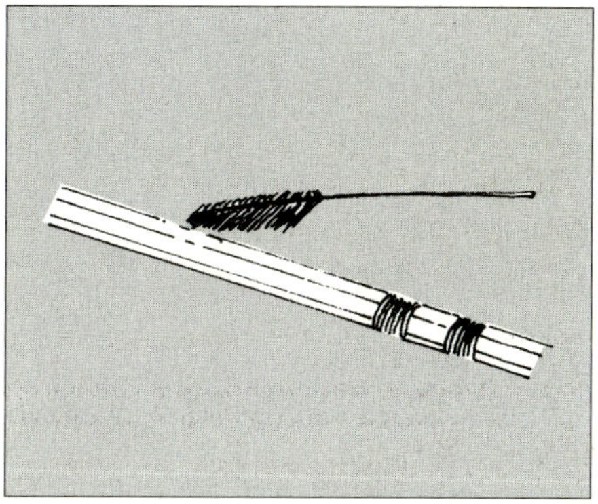

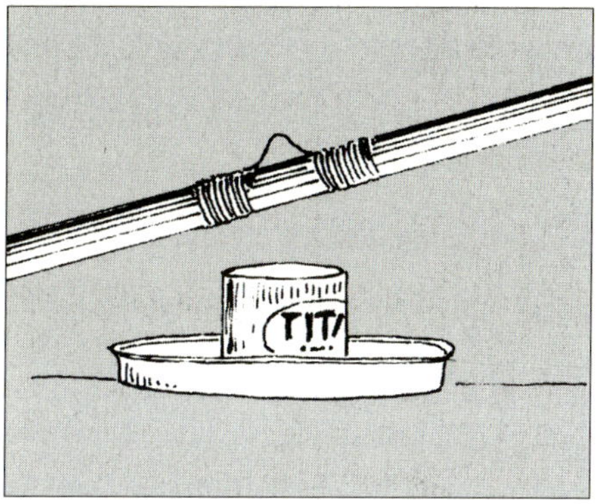

Si desea rebarnizar su caña de pescar, hágalo con un barniz mate, ya que de esta forma evitará reflejos, y para obtener un acabado profesional, mantenga el barniz tibio, colocándolo sobre un recipiente con agua caliente.

LIMPIEZA DE LAS MOSCAS

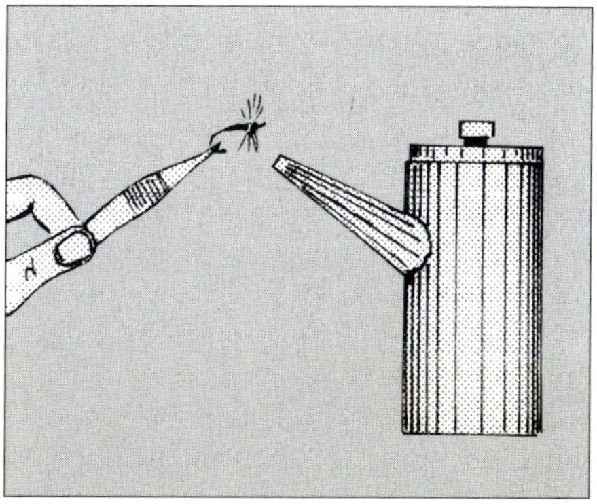

Las moscas utilizadas la pasada temporada, engrasadas, tal vez aplastadas, tendrán el mismo aspecto que cuando estaban nuevas si las mantiene durante unos segundos frente a un chorro de vapor de agua. Para ello puede utilizar una cafetera vieja.

TRUCHA

Ante la inmediata temporada de pesca, las truchas no suelen subir los primeros días a la mosca, y si es éste el procedimiento que utiliza, puede aprovecharlos para poner en orden su material. Perderá menos tiempo que si espera a estar en el río para hacerlo.

CARRETE

En algunas ocasiones, si vemos que de forma repetida nuestros lanzados se quedan cortos, puede ser debido a suciedad en la parte interior de la bobina del carrete. Desmóntela, límpiela bien y aplique un pulimento tipo cera en la cara interior de la misma.

CAMBIO DEL ANILLADO DE LA CAÑA

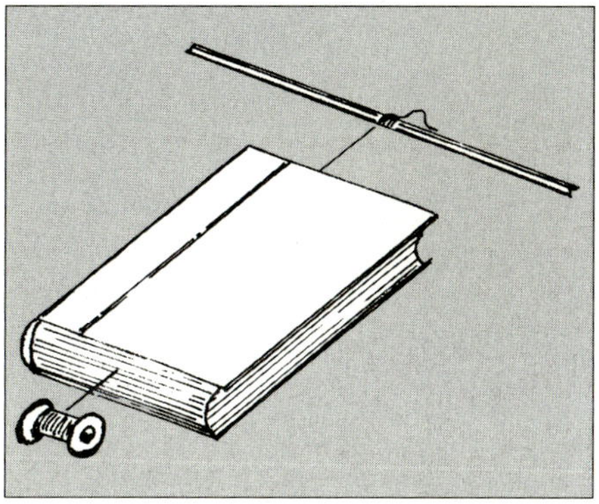

Cuando tenga que cambiar las anillas de una caña y no disponga de ningún soporte para mantener el hilo tenso, el uso de un libro, tal como se indica en el dibujo, puede facilitarle extraordinariamente el trabajo, y le permitirá después de un buen barnizado, un acabado profesional.

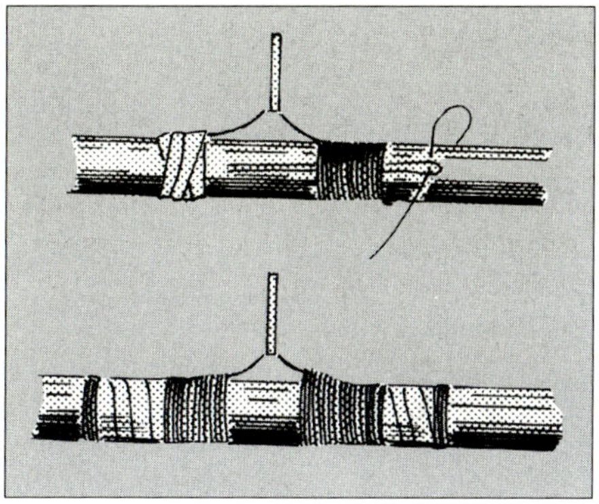

También puede hacerlo sujetando provisionalmente con cinta adhesiva una de las patillas, mientras coloca el anillado definitivo a la otra. Esta simple operación le facilitará el trabajo y una alineación pefecta.

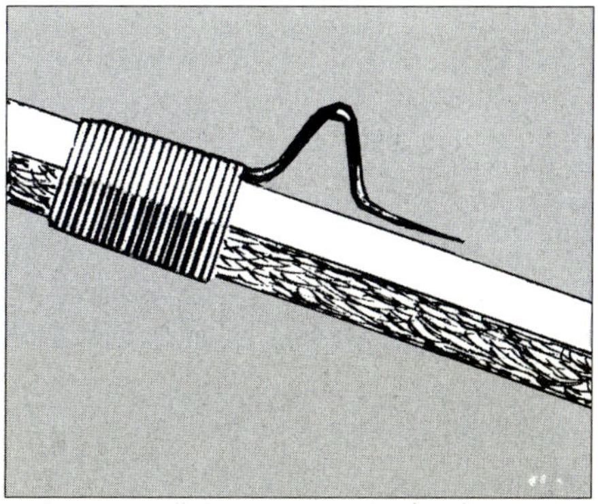

Es conveniente no dejar de repasar con la lima los extremos de las mismas. En caso contrario, la seda utilizada para efectuar el anillado presentará una discontinuidad en ese punto.

NUDO CONEXIÓN

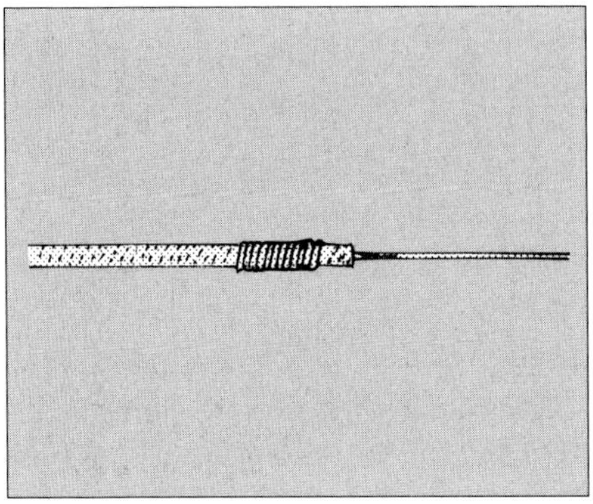

Observe, y rehaga si es preciso, el nudo que enlaza la línea con el bajo; hágalo lo suficientemente pequeño para que pase a través de la última anilla sin dificultad.
Si lo recubre con un par de capas de barniz incoloro tendrá más solidez.

LIMPIEZA DE LAS ANILLAS

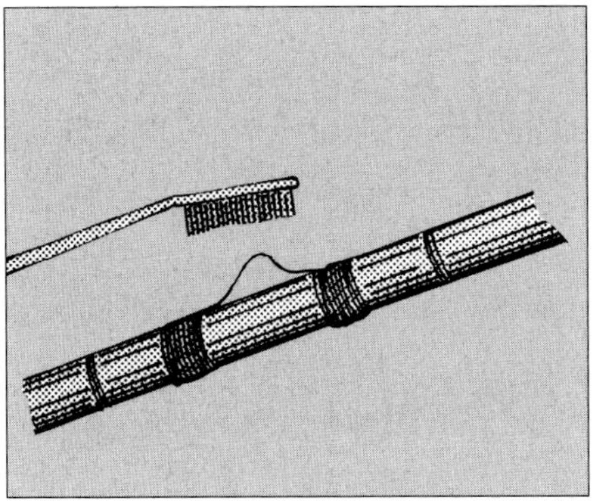

Compruebe el estado de todas las anillas y límpielas. El polvo y la humedad arrastrados por la línea pueden llegar a formar una mezcla abrasiva. Use agua, jabón y un cepillo de dientes suave. Vea al tiempo el estado de las ligaduras.

CAJAS DE ACCESORIOS

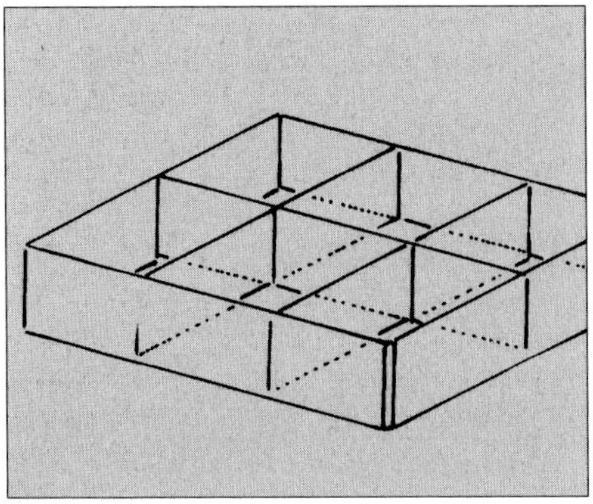

Si guarda sus moscas o los materiales de montaje para las mismas en cajas de plástico, no ponga bolas de naftalina como prevención contra la polilla, ya que los vapores que éstas desprenden pueden disolver algunos tipos de plásticos.

LIMPIEZA DE LA LÍNEA

Saque la línea del carrete y límpiela con un trapo húmedo, utilizando agua jabonosa si está demasiado sucia, aclare y seque perfectamente; después, antes de colocarla de nuevo en el carrete, sáquele brillo con una gamuza natural.

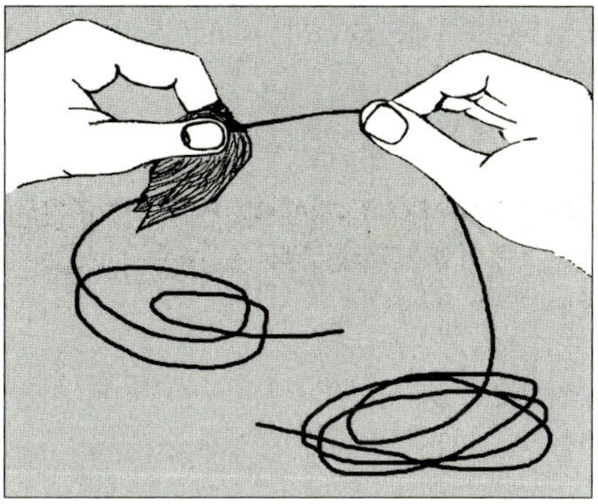

ESTUCHE PARA CAÑAS

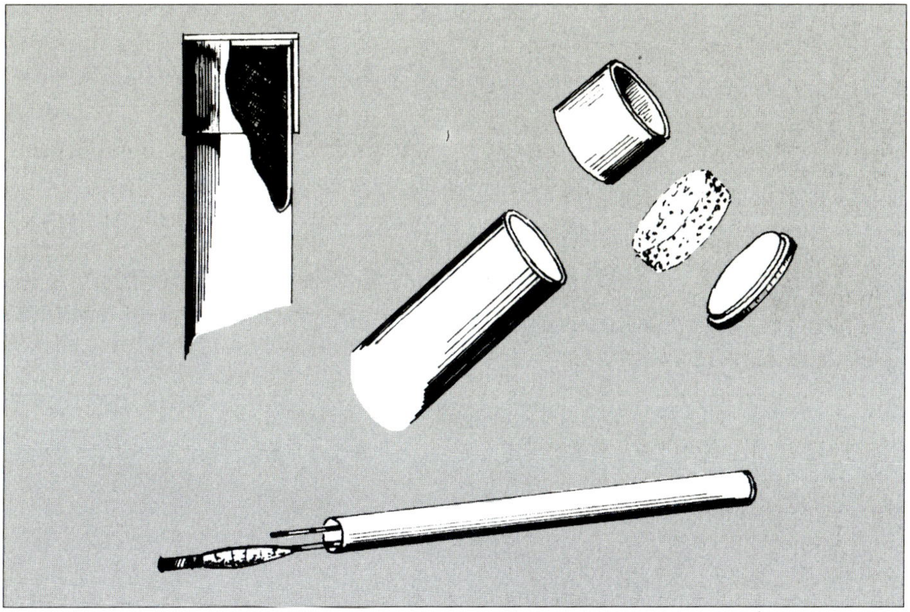

Puede construir con relativa facilidad un estuche rígido para sus cañas a partir de un tubo de cloruro de polivinilo, PVC, de 50 a 75 mm. de diámetro. Estos tubos son de uso normal en saneamiento y como canalización para conductores eléctricos, presentándose en este último caso con rosca en sus extremos. Puede utilizar para tapa y fondo los accesorios, como manguitos, etc., que normalmente se usan con estos tubos.

SOPORTE PARA CAÑAS

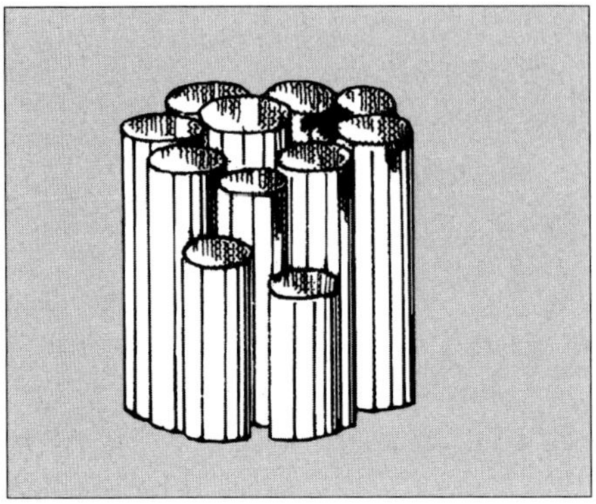

¿Tiene usted sus cañas ordenadas, o amontonadas en el fondo de un armario? En el segundo caso tal vez encuentre útil el soporte que proponemos. Puede hacerse con tubos de plástico, cartón o metal, pegados en los dos primeros casos y soldados en el tercero. Elija sus diámetros de acuerdo con los de las cañas.

ANILLA FINAL

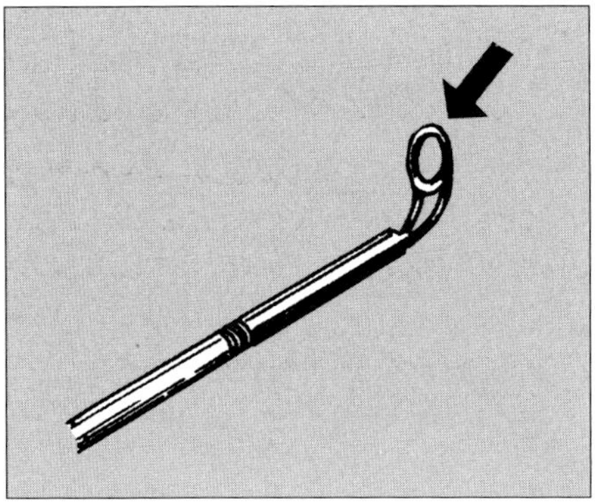

La última anilla de la caña sufre un desgaste superior a las demás. Vigílela con frecuencia, ya que en caso contrario puede dar lugar a roturas inesperadas.

IDENTIFICACIÓN DE LA LÍNEA

Una etiqueta autoadhesiva colocada en la parte posterior de la bobina de su carrete, le recordará en cualquier momento el diámetro del nylon que usa y la fecha en que lo cambió.

ENTALLADURA EN UNA CAÑA PARA MOSCA

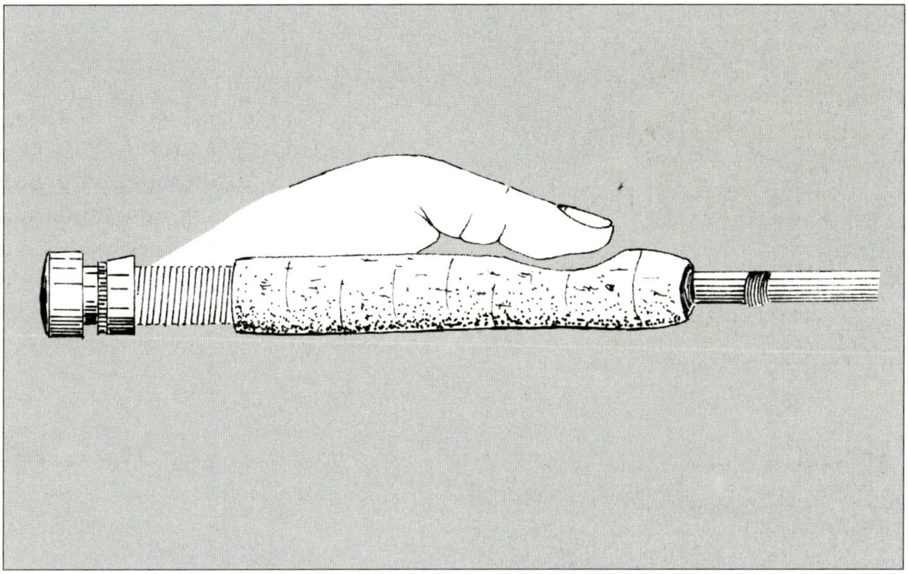

Talle, con la ayuda de una escofina y un poco de lija, un rebaje anatómico en la parte superior de la empuñadura de su caña, para apoyo y alojamiento de su dedo pulgar, de dimensión adecuada al mismo. Le sorprenderá el comprobar lo cómodo y efectivo que resulta.

AJUSTE DE LA VIROLA

Si las virolas metálicas de su caña tienen holgura, puede remediarlo de varias formas; una de ellas es dar unos golpes de martillo sobre la virola macho. La operación es delicada y debe efectuarse con cuidado y progresivamente.

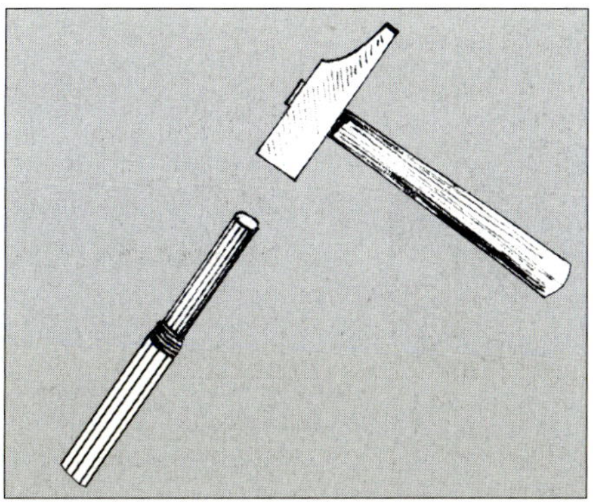

CUIDADO DE LAS CAÑAS

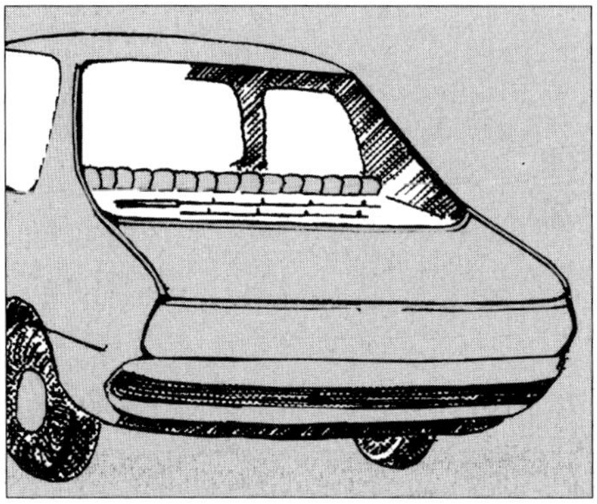

En verano no deje sus cañas en la bandeja posterior de su coche; la temperatura que puede alcanzar, a pleno sol, las deformará inevitablemente. Esto es aún más grave si lo que lleva en ese lugar es su cámara o equipo fotográfico.

LIMPIEZA DE LA VIROLA

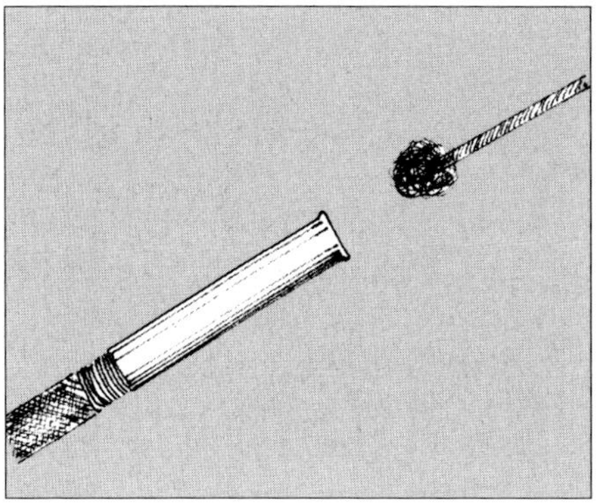

Cuando la virola hembra de su caña esté sucia, utilice para limpiarla un pequeño palillo con algodón, tal como los bastoncitos limpia-oídos usados con los niños. Los encontrará en cualquier farmacia. Si está muy sucia, puede humedecer ligeramente el algodón en alcohol.

SUJECIÓN DEL TAPÓN

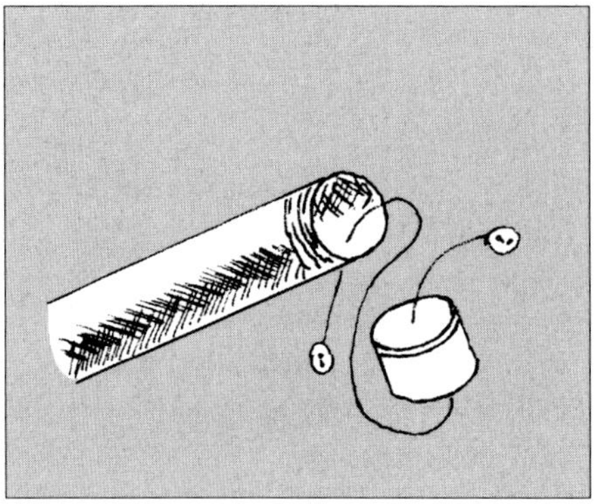

La mejor manera de no perder la tapa de su estuche de cañas de pescar es asegurándolo de la forma que podemos observar en la figura; utilice para ello un trozo de nylon grueso, 50/100 en adelante, y dos botones.

MARCADO DEL CARRETE

Tal vez pueda ser una buena idea poner su nombre y teléfono en la parte inferior de sus carretes, así como en sus cañas y cesta, ya que, si descuidadamente los olvida en algún lugar, dará a quien los encuentre la posibilidad de devolvérselos.

SECADO DE LAS MOSCAS

Es una buena costumbre al volver de un día de pesca, dejar abierta su caja de cucharillas o moscas para que puedan secarse.
Si no lo hace, la humedad existente oxidará los anzuelos y las partes metálicas.

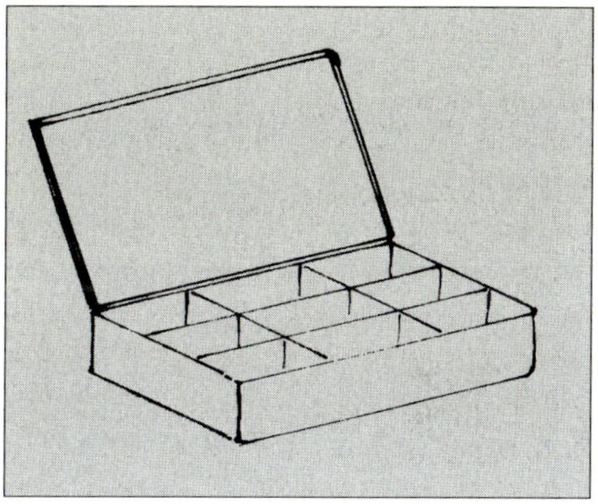

COMPROBACIÓN DE "WADERS"

Si está pensando en comprar unos "waders", no se fíe exclusivamente del número de pie; la longitud de la pierna es, para un uso cómodo, más importante.
Si puede hacer sin dificultad la prueba indicada en la figura, podrá moverse fácilmente con ellos puestos.

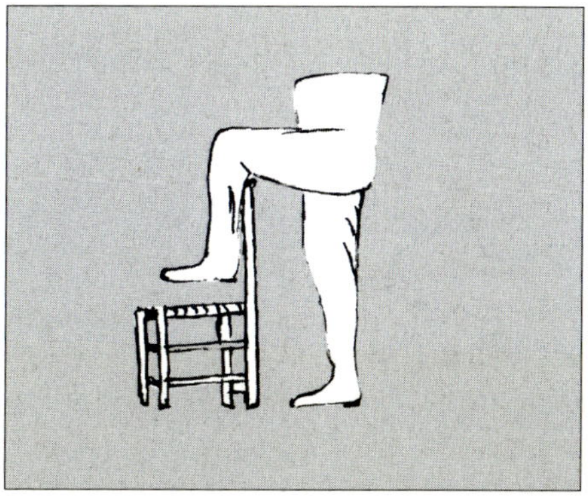

CARRETES

Si algún tornillo de su carrete tiene tendencia a aflojarse, ponga una gota de barniz o laca de uñas en su alojamiento; si cuando quiera sacarlo está demasiado duro y se resiste, bastará añadir una gota de acetona para ablandarlo.

MARCAS EN LA CAÑA

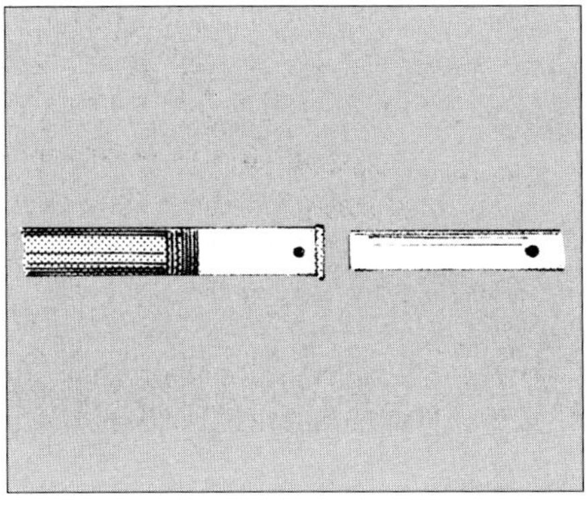

Dos pequeñas marcas en el lugar donde deben coincidir las dos piezas de su caña de lanzar le indicarán en todo momento, pero sobre todo al montarla, que las anillas de la misma se encuentran perfectamente alineadas.

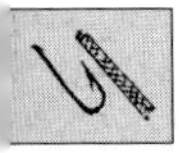

ORGANIZACIÓN DE LOS ANZUELOS

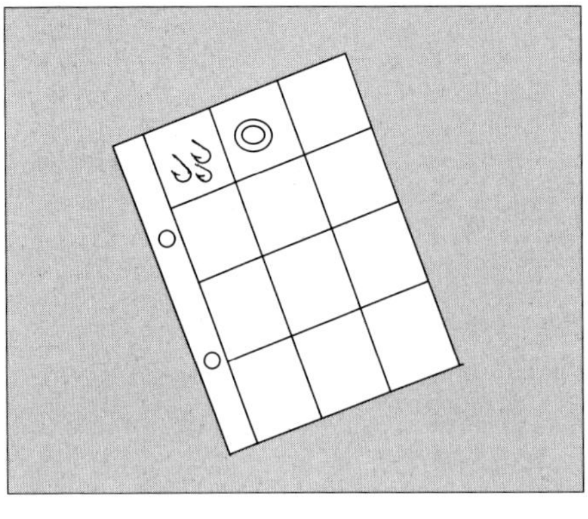

Nada más útil para guardar anzuelos clasificados por tipo y número, que las hojas de plástico utilizadas por los numismáticos en sus colecciones de monedas.
Coloque una etiqueta con las características de los anzuelos en cada sobre.

DESMONTAJE DE LA CAÑA

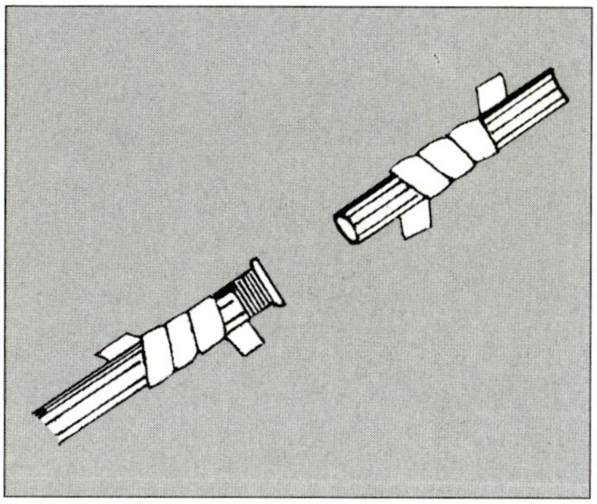

La mejor forma de separar dos elementos de caña demasiado ajustados, es mediante el uso de dos bandas de goma recortadas de una cámara vieja. También pueden servir para sujetar un carrete en caso de avería o rotura del portacarrete.

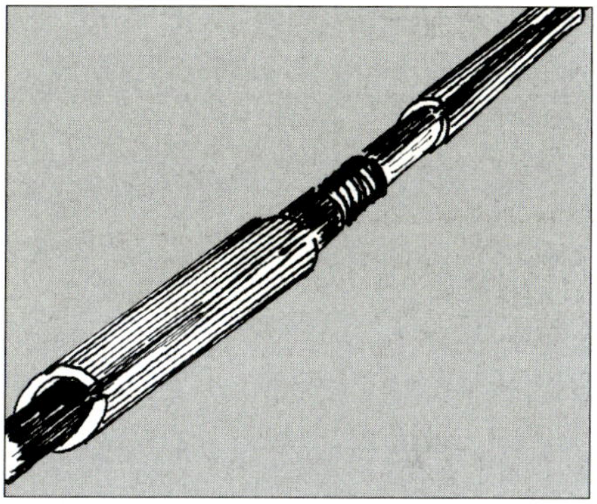

Dos trozos de tubería de goma del tipo estriado le servirán mejor que cualquier otro accesorio para separar dos elementos de una caña cuyas virolas están demasiado ajustadas y se resisten a separarse.

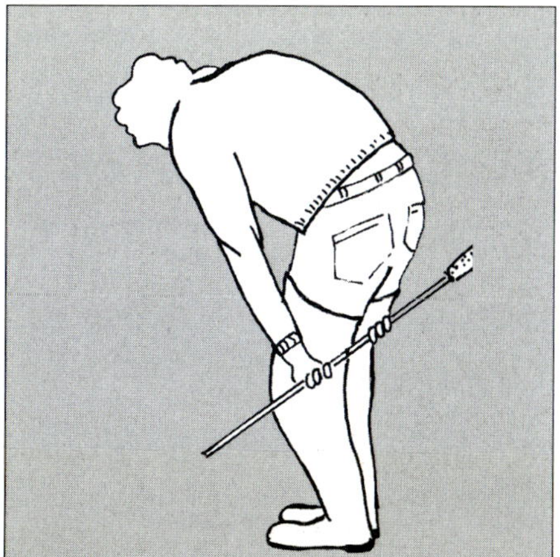

Siempre es una gran molestia comprobar al final de una jornada de pesca que las virolas de unión de la caña que hemos estado usando no se separan.
Un procedimiento que no necesita ningún material auxiliar es el mostrado en la figura; pase la caña a su espalda y sujetándola firmemente a la altura de las rodillas, separe éstas. Es imprescindible tener las manos limpias y secas.

MARCADO DEL ESTUCHE DE CAÑAS

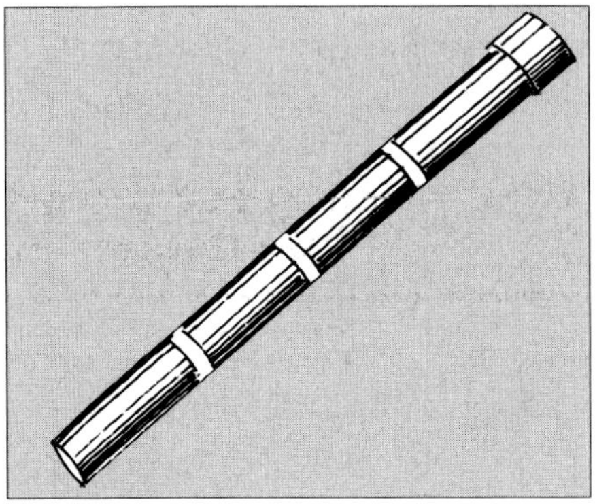

Si transporta un estuche de cañas en avión, pinte varias franjas de colores vivos, sobre todo si el estuche es de aluminio, ya que puede confundirse con la estructura interna del propio avión. Cinta adhesiva de color, o varias etiquetas pueden servir.

PERCHA PARA BOTAS

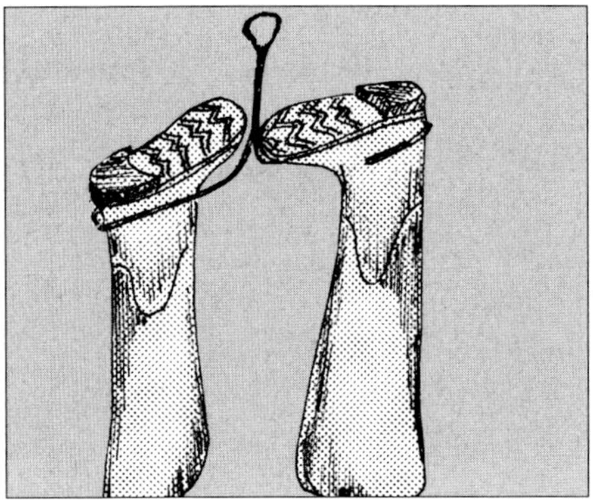

La mejor forma de secar unas botas de pesca es colgándolas de forma que puedan escurrir.
Para esto, lo más conveniente es utilizar una percha como la indicada en la figura, fácil de hacer con alambre de 4 ó 5 mm. de diámetro.

ANZUELOS

Compruebe de vez en cuando los anzuelos de sus cucharillas, y cámbielos si están rotos, doblados o despuntados. Pruebe también usando un tamaño más pequeño en los triples. Posiblemente logrará enganchar más peces.

10. ACCESORIOS DE PESCA

PLEGADERA

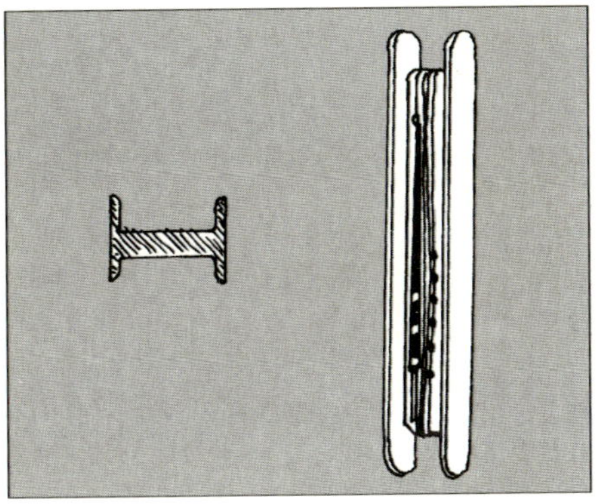

Si utiliza una plegadera para llevar sus aparejos montados, es conveniente que uno de sus lados sea más profundo que el opuesto, de esa forma el flotador quedará protegido, al mismo tiempo que le será más fácil el ordenarlos.

IDENTIFICACIÓN DE LAS LÍNEAS

Si no quiere dejar nada al azar, basta con pegar una etiqueta o escribir sobre el lateral de una plegadera como la de la figura superior las características de la línea que contiene, diámetro, número del anzuelo y peso de los plomos que lo equilibran.

DESANZUELADOR

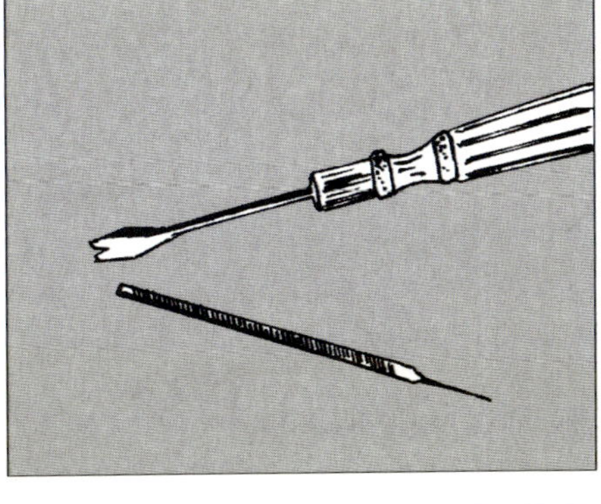

Talle, con una pequeña lima triangular, una muesca en forma de V en el destornillador que debe llevar en su caja de pesca.
De esta forma, además de servirle para lo que está diseñado, apretar o aflojar un tornillo, dispondrá de un eficaz desanzuelador.

GANCHO

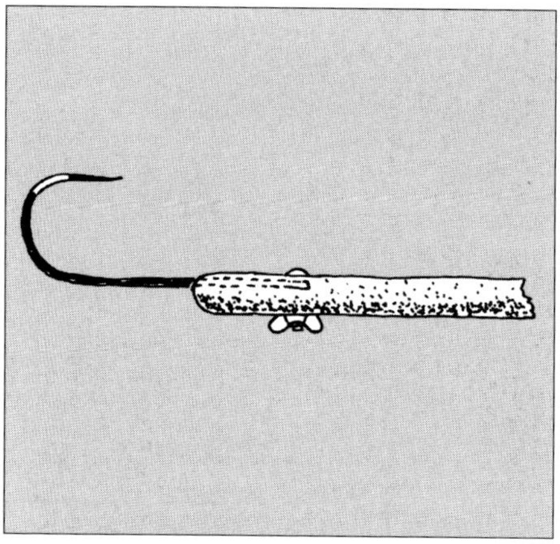

Un gancho o bichero de mango largo es siempre algo incómodo y peligroso de transportar. Sin embargo, puede utilizar sin riesgo el que ilustramos al lado. Basta colocar un tornillo de mariposa sobre un anzuelo grande, de anilla, desprovisto de "muerte".

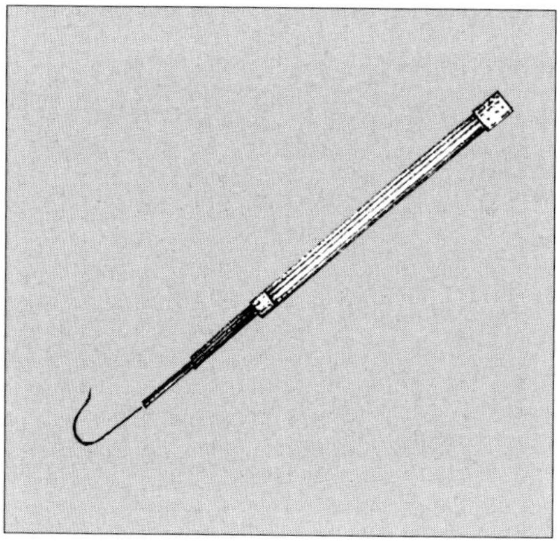

Con nuestro enemigo ya vencido, pero todavía en el agua, más vale un mal gancho que una buena mano.
Si su pesca es itinerante, escoja un modelo pequeño, fijo o telescópico, mucho más fácil de transportar.

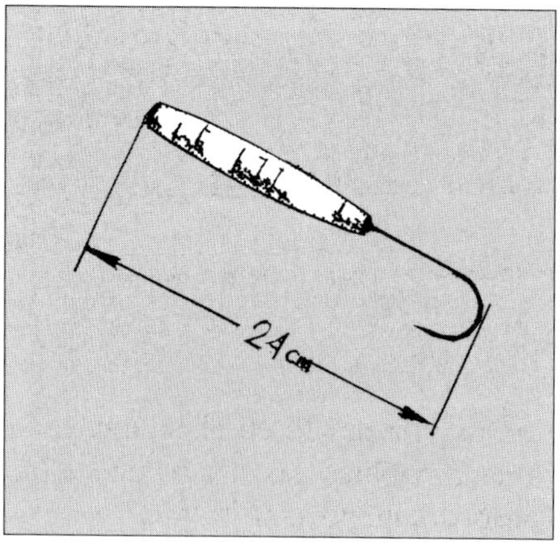

La construcción de un pequeño gancho como el representado en la figura es verdaderamente simple; su dimensión lo hace cómodo de llevar, y su utilidad, pescando lubina, lucio o trucha grande es considerable. Puede utilizar un anzuelo 12/0 sin gancho.

SOPORTE PARA CAÑAS

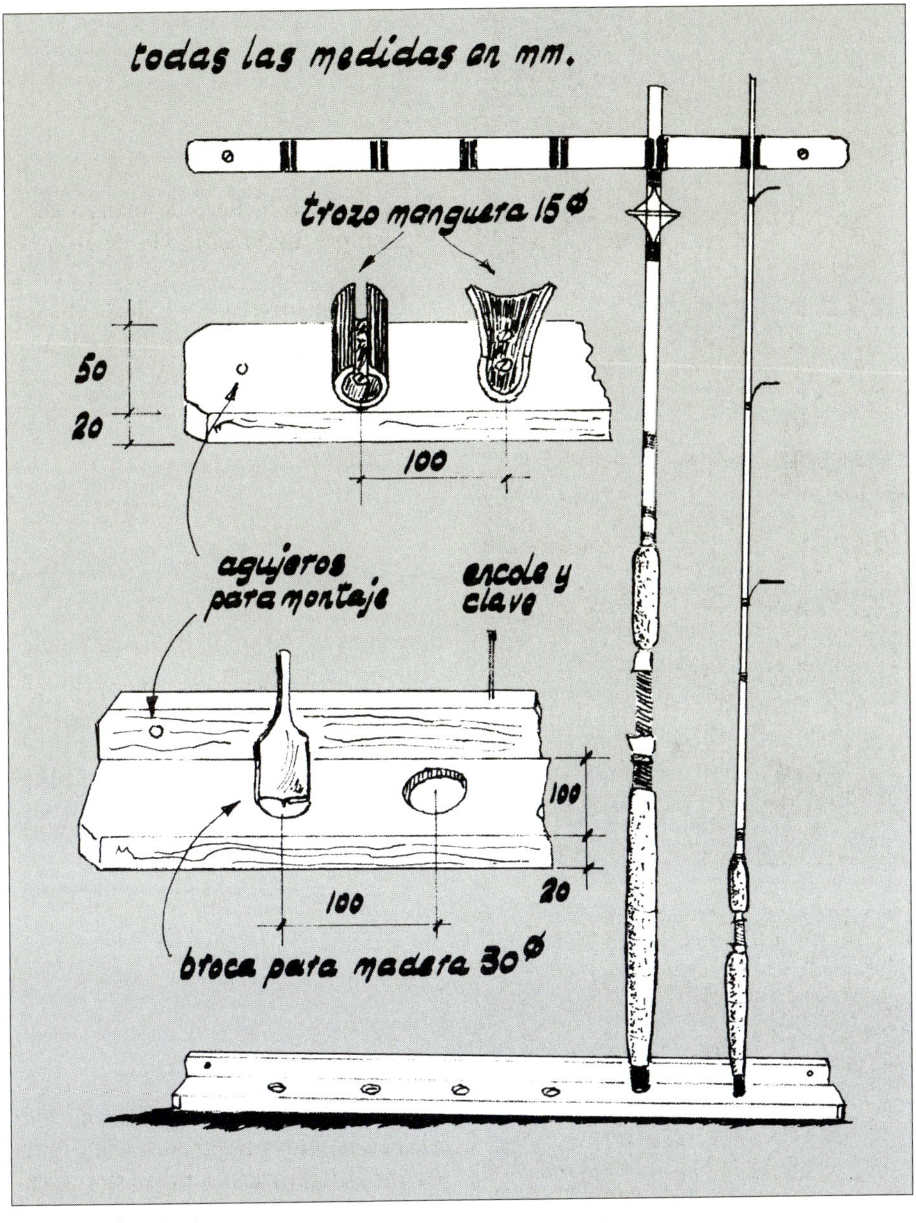

Puede construir fácilmente el soporte de cañas presentado en el dibujo. Sólo necesitará: algo de madera, un serrucho, una escofina, lija, una broca ancha, clavos, tornillos, y si quiere darle un buen acabado, un poco de barniz.

ANILLAS PARA SUJECIÓN DEL CARRETE

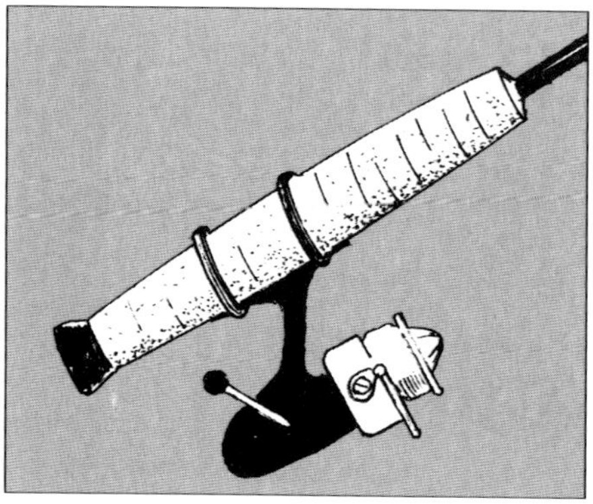

Algunas cañas de lanzado disponen de anillas metálicas o de plástico para fijar el carrete, que acaban cogiendo juego. Sustitúyalas con dos trozos de cámara de bicicleta enrollados sobre sí mismos. El diámetro de la cámara debe ser algo inferior al de la empuñadura.

LINTERNA

Una linterna de tipo petaca pequeña, alimentada por tres pilas de voltio y medio y que dispone de un gancho en la parte posterior, es el útil indispensable para atar una mosca a última hora. Colgada de un botón, le deja las manos libres.

SUJECIÓN DE LAS CUCHARILLAS

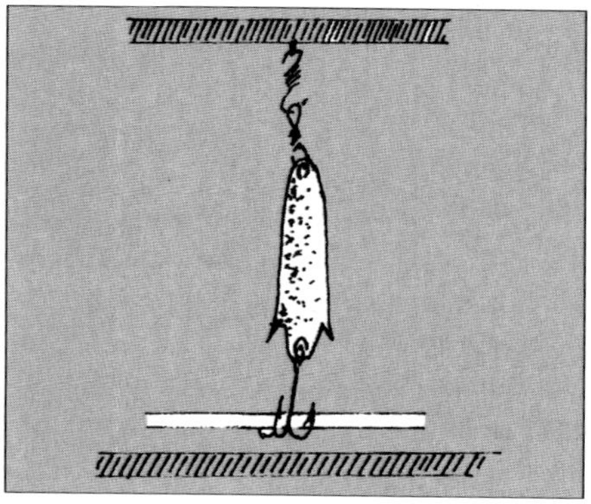

Puede construir una caja donde se mantendrán en orden sus cucharillas partiendo del principio expuesto en la figura. Tan sólo necesitará unos muelles, cáncamos roscados, madera y el tiempo necesario para montar el conjunto.

MODIFICACIÓN DE UN FLOTADOR

Puede modificar con facilidad un flotador para utilizarlo como deslizante de la forma descrita en el dibujo. Basta calentar el vástago pasante de plástico, aplastarlo con un alicate plano y hacer un pequeño agujero con cualquier objeto punzante.

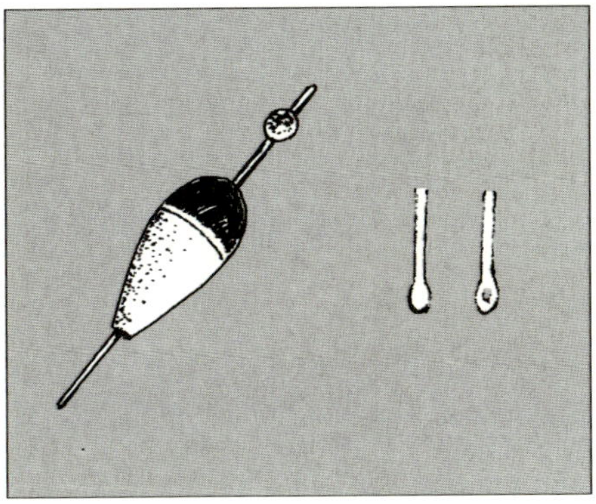

ABREBOCAS

Evite las heridas que pueda producirle a un lucio con el abrebocas, sobre todo si es pequeño y pretende devolverlo al agua, colocando en los ganchos del mismo dos pequeños trozos de tubo de goma, o bien envolviéndolos con cinta aislante.

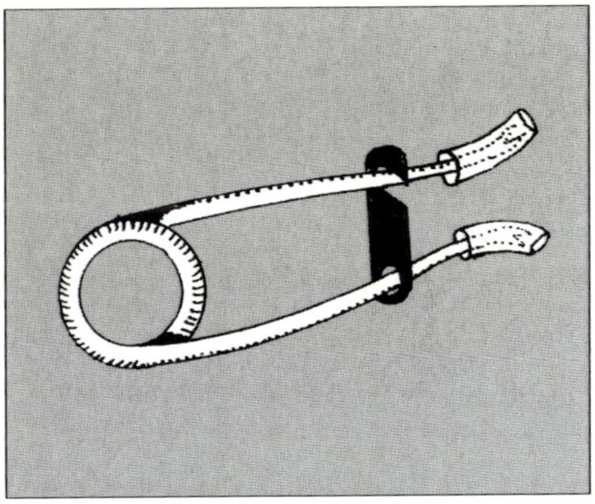

Indispensable para mantener abiertas las fauces del mal llamado "tiburón de río", cuando tenemos que sacar, a veces de lo más profundo de su garganta, un anzuelo triple, o en ocasiones dos, sólidamente clavados.

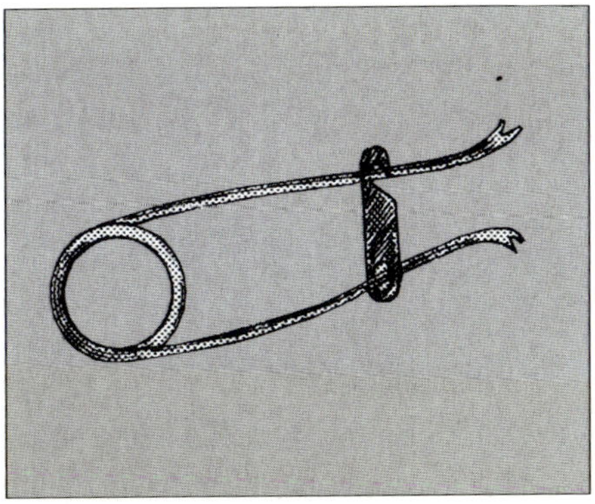

FLOTADORES

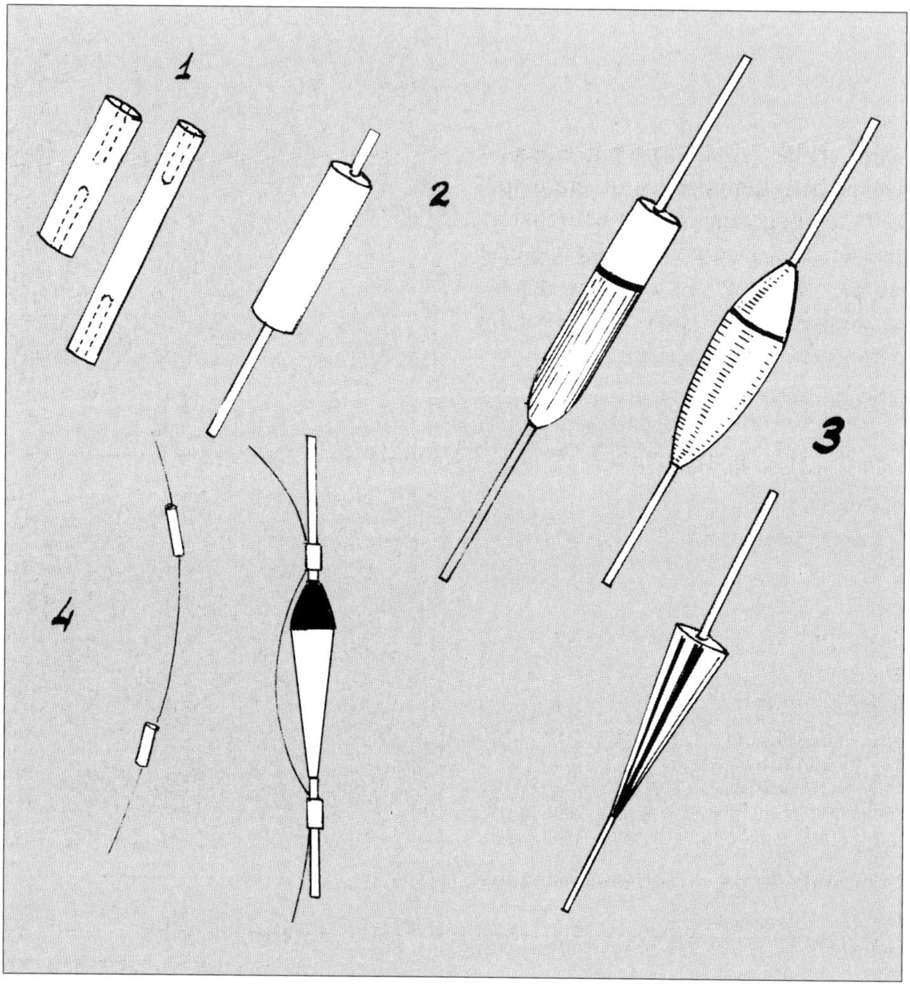

Es relativamente sencillo y simple construir una serie de flotadores intercambiables, que pueden desmontarse sin deshacer el aparejo. Basta para ello contar con unas cuantas varillas de madera de balsa de distintos diámetros y seguir los pasos indicados en la figura.

1. Corte y taladre ambos extremos.
2. Pegue, con cola o araldit, vástagos de diámetro adecuado.
3. Lije y barnice el conjunto dándole forma a su gusto.
4. Utilice dos pequeños trozos de macarrón plástico para sujetar la línea.

CERILLAS PREPARADAS

Las cerillas mojadas no encienden, y el mechero tampoco. Si quiere disponer de fuego en cualquier ocasión, barnice con laca de uñas las cabezas de las cerillas de una caja y úselas sólo cuando sea necesario. La laca las hace hidrófugas.

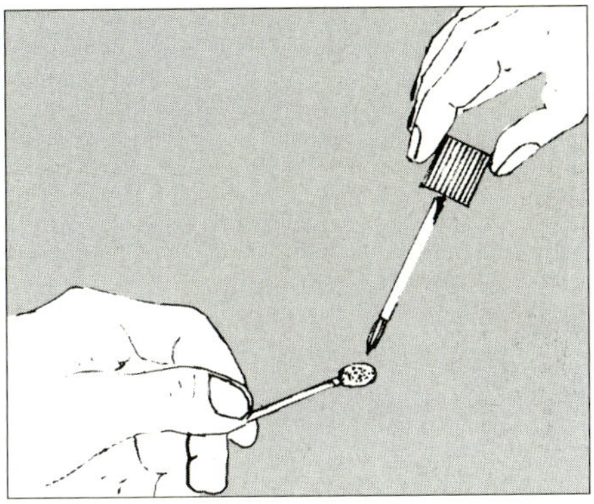

AVISADOR ACÚSTICO

Una pinza corriente de madera o plástico, a la que se ha sujetado de forma rígida un cascabel, constituye un avisador excelente cuando se pesca a fondo con caña fija.
Cuanto más largo sea el soporte del cascabel, más sensible será éste.

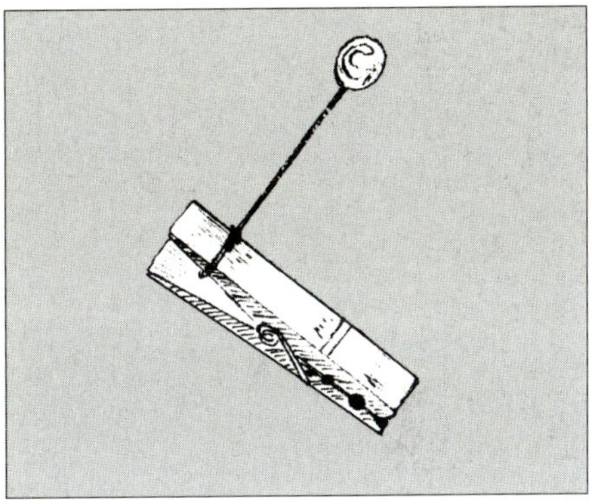

AGUJA

Una aguja de punta fina, provista de un pequeño mango de madera, le será de gran ayuda en infinidad de ocasiones, tanto para desobstruir la anilla de una pequeña mosca, como para deshacer un enredo o un nudo en la propia línea.

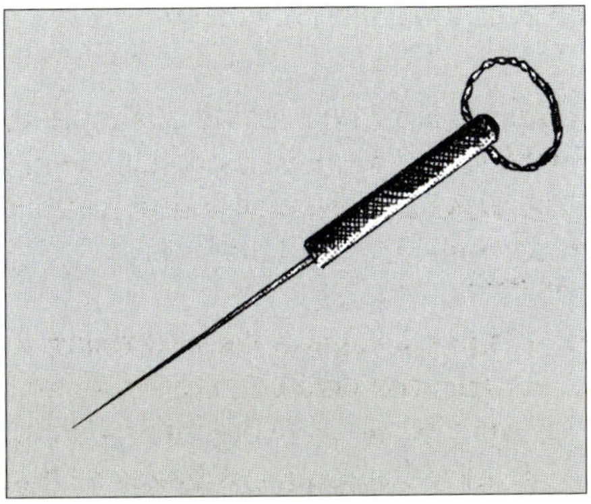

ANILLA DE SUJECIÓN

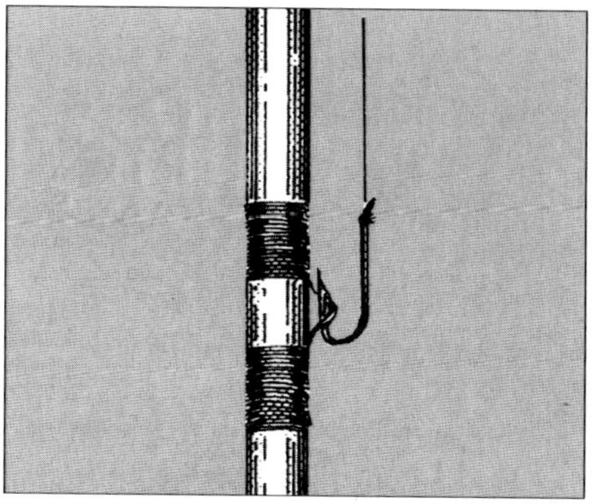

Casi todas las cañas suelen venir equipadas con una anilla en la base, cerca de la empuñadura, que sirve para sujetar el anzuelo, o el triple de la cucharilla. Si la suya no lo tiene, es fácil colocárselo, basta hacer dos ligaduras a un trozo de alambre.

ALICATES

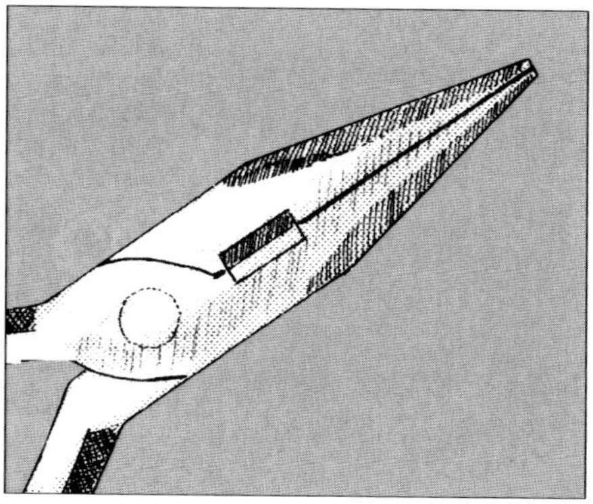

Necesarios para desclavar anzuelos, cuando se trata de triples es prácticamente imposible hacerlo sin su ayuda. En ocasiones, un ligero corte con una navaja bien afilada facilitará el trabajo.

PAPEL DE LIJA

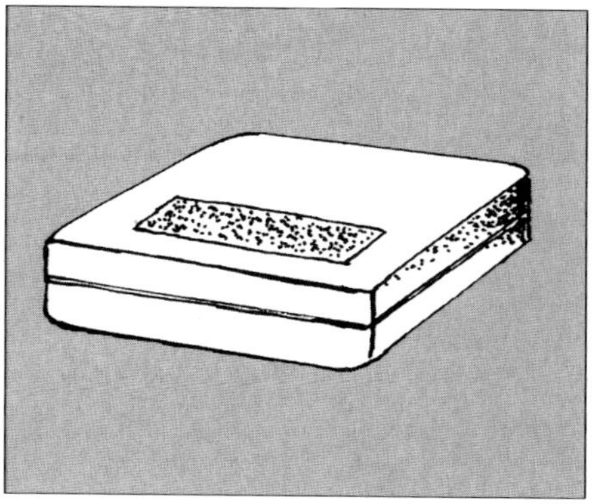

Un pequeño trozo de papel de lija muy fino, pegado en la tapa de su caja de cucharillas o aparejos le puede ser de gran utilidad para afilar la punta de un anzuelo o darle brillo a la paleta de una cucharilla, que resultará tal vez más atractiva.

EMERILLÓN "SAMPO"

Tal vez conozca usted los emerillones o quitavueltas "Sampo"; son los más caros que existen en el mercado, pero también los únicos que disponen de rodamientos de bolas en el eje. Existen en casi todos los tamaños y sólo ellos son capaces de mantener una línea tensa, sin retorcerla.

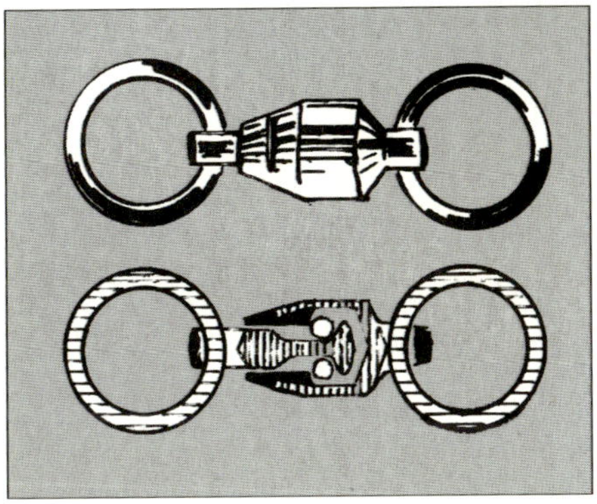

BOLSA PARA VARIOS USOS

Un trapo, o pañuelo grande; un saco para transportar sus capturas; un peso de resorte, tiritas, jabón, una pequeña piedra de afilar; si lleva su máquina fotográfica podrá inmortalizar sus buenas piezas, y todo ello en una pequeña bolsa, fácil de llevar.

CORTAÚÑAS

El cortaúñas es la herramienta ideal para cortar nylon, y sobre todo, los excedentes de los nudos.
Pesa y abulta poco y se puede llevar colgado de un ojal o botón, de forma que siempre podamos tenerlo al alcance de la mano.

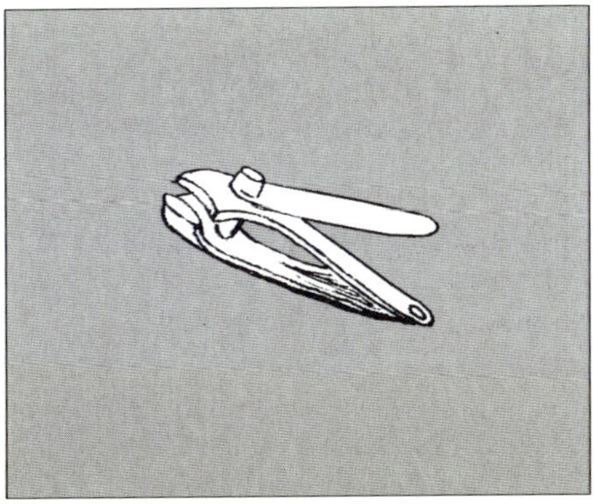

USOS DE LOS ESTUCHES DE PELÍCULA

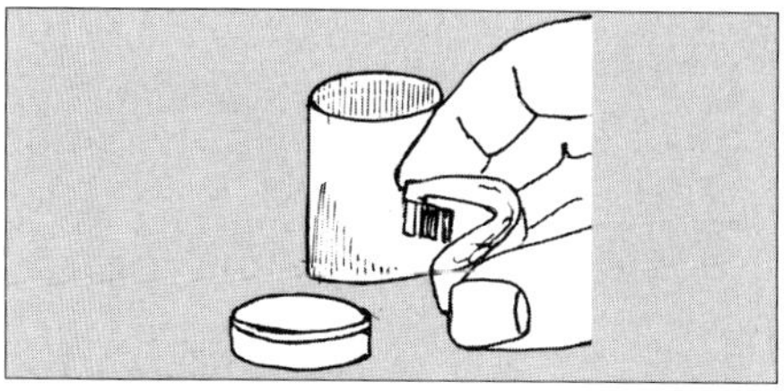

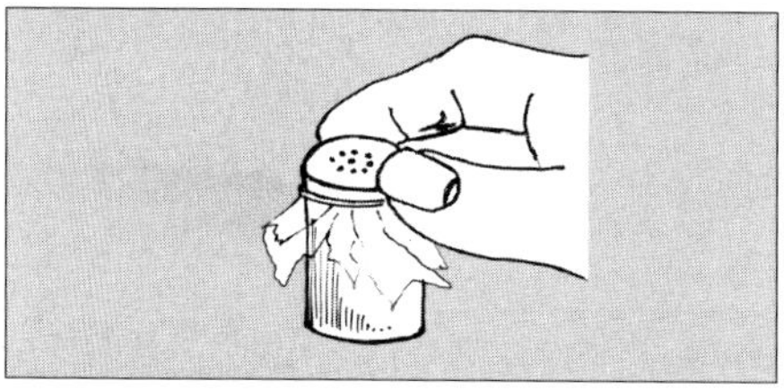

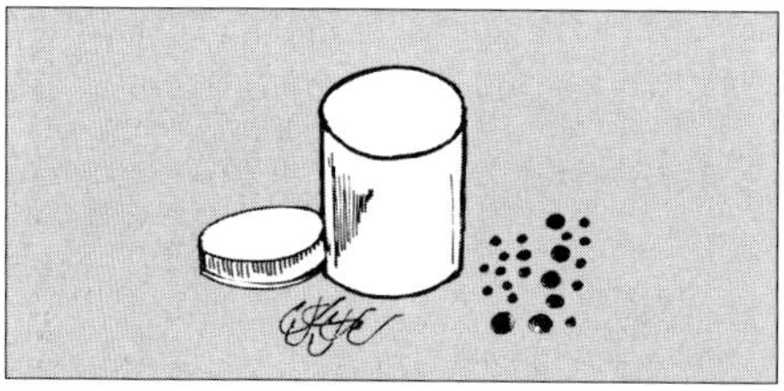

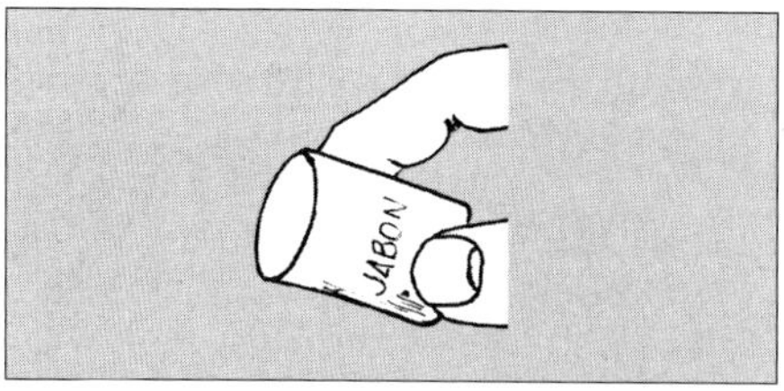

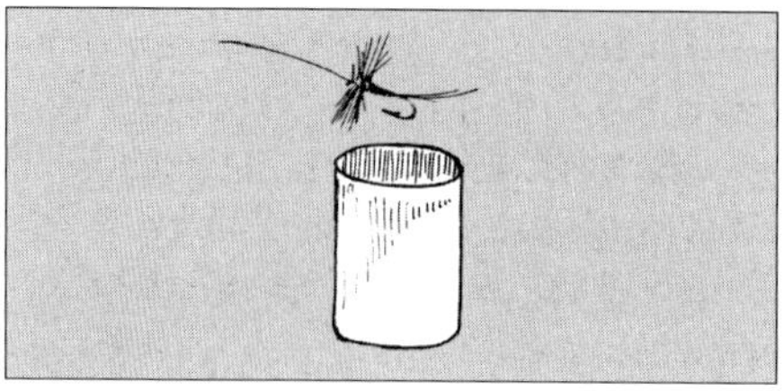

Los estuches de película de 35 mm. son unos recipientes excepcionales por su tamaño y estanqueidad. Tanto los antiguos, de chapa y tapa a rosca, como los actuales de plástico. Puede usarlos, por ejemplo, para mantener cerillas a prueba de remojones.

Si le hace unos agujeros a la tapa, y coloca una lámina de plástico al cerrarlos, le servirán para llevar la sal, la pimienta o las especias que prefiera.

Sin agujeros, podrá llevar azúcar, Nescafé, o la mezcla preparada.

Indudablemente, puede llevar anzuelos y plomos, o un pequeño botiquín de emergencia: tiritas, aspirina; o también algo con que resolver la rotura inesperada: agujas, hilo y algunos imperdibles.

Si los llena de parafina, dejando una mecha en el centro, los convierte en velas, que le pueden resultar útiles en cualquier momento, tanto en casa como en el campo. Para esto los de chapa son los mejores, ya que los de plástico se queman.

¿No ha echado de menos al terminar de pescar un poco de jabón para, al menos, lavarse las manos?

Llene de detergente, o bien de jabón en polvo, o raspaduras de jabón, uno de estos estuches y dispondrá de una jabonera excelente.

Seguramente usted podrá descubrir otras tantas aplicaciones como las aquí descritas; y si no dispone de un recipiente de boca ancha donde impermeabilizar su mosca, sumergiéndola en una solución de parafina, utilice uno de estos estuches.

DIARIO DE PESCA

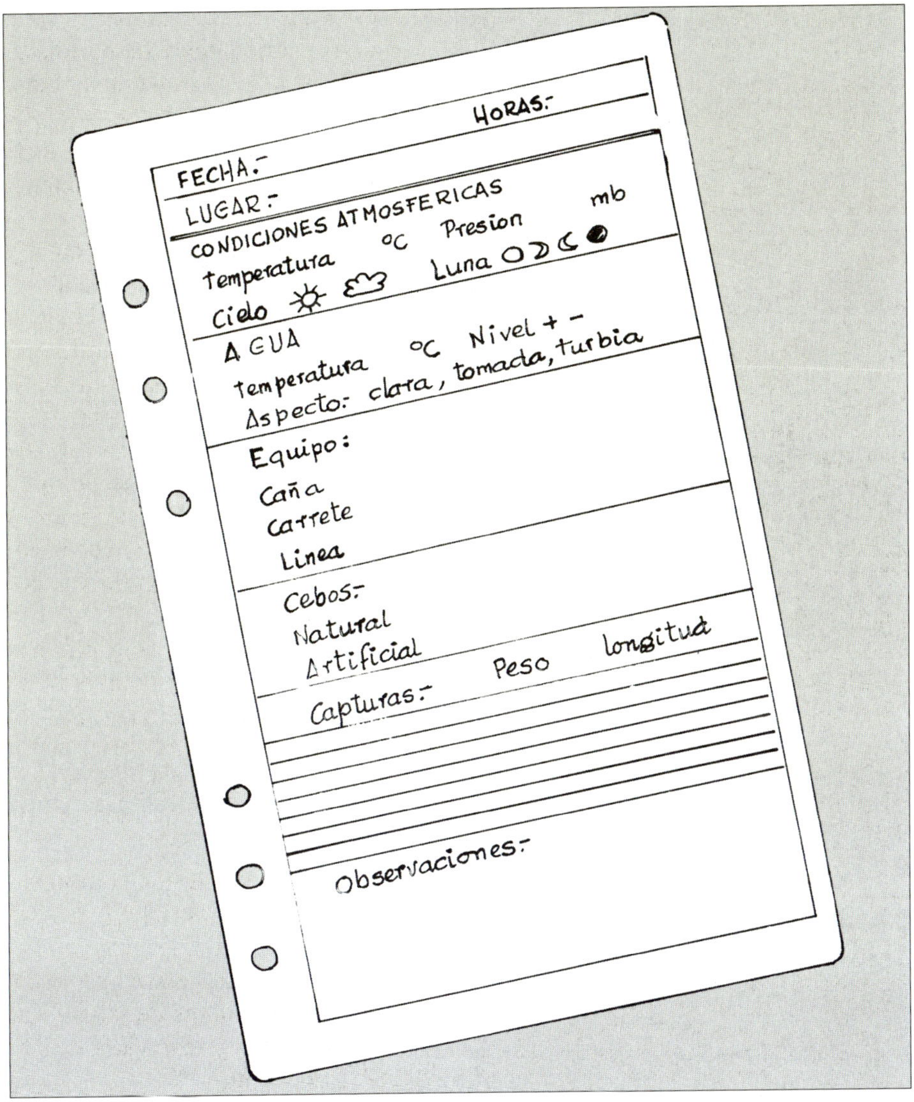

Existen distintas y diversas formas de llevar un diario de pesca, de acuerdo con la personalidad del pescador y el tipo de pesca practicado; el que presentamos puede ser tan válido como cualquier otro, y cada pescador podrá introducir en él las variantes que desee, de acuerdo con sus preferencias o necesidades.
Pero lo que sí queremos resaltar es su conveniencia; a través de él, cualquier pescador podrá observar condiciones coincidentes que siempre es útil recordar.

USO DEL IMPERDIBLE

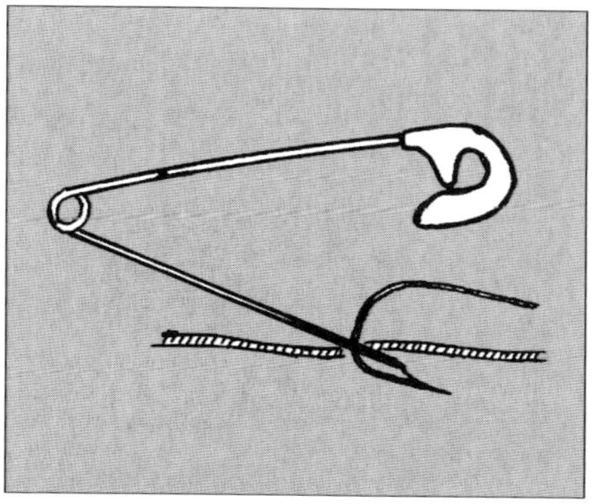

Utilice un imperdible para extraer un anzuelo que se haya clavado en cualquier parte de su ropa.
Pase la punta del imperdible por el mismo agujero y tire hacia atrás despacio, haciendo al mismo tiempo un movimiento de vaivén, hasta sacar el anzuelo.

EQUIPO DE HERRAMIENTAS

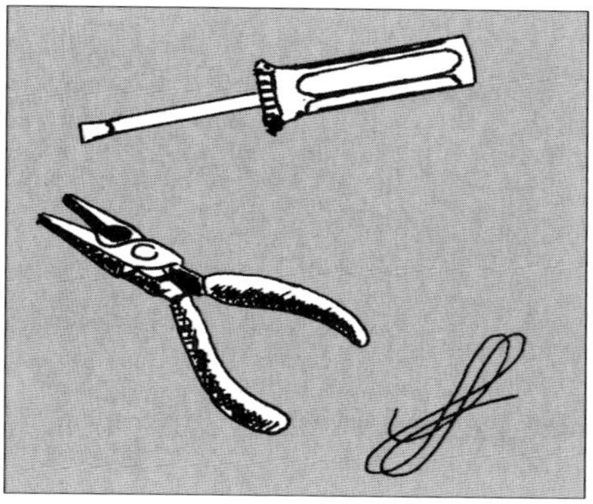

No olvide llevar, cuando salga de pesca, un pequeño equipo de herramientas: destornillador, alicate, alambre, cinta adhesiva, etc. Puede salvar un día de pesca, bien para usted o para alguno de sus amigos, mediante la reparación que de otra forma no podría hacer.

BASTÓN

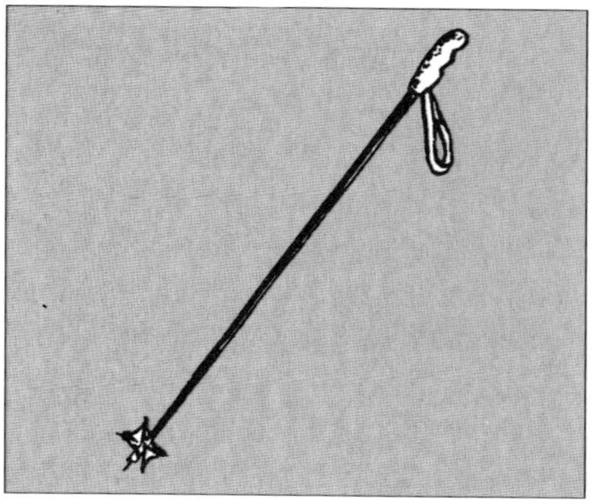

Un viejo bastón de esquí le será de ayuda inapreciable al tratar de vadear una corriente fuerte, sobre todo en aquellos ríos donde la falta de árboles nos haga difícil el disponer de un buen palo.
Llévelo en el coche, no estorba, y úselo si es necesario.

SITUACIÓN DEL IMPERMEABLE

En cualquier salida de pesca, por bueno que el día se presente, la lluvia puede ser inevitable. Un lugar cómodo para llevar el impermeable es bajo la cubierta o tapa de la cesta de pesca. Basta para ello colocarle un par de elásticos anchos para poderlo sujetar.

SOPORTE IMPERDIBLE

Un imperdible es el mejor medio para tener siempre a mano emerillones, quitavueltas y todos aquellos pequeños accesorios provistos de anilla que acaban por situarse en los lugares más recónditos de la caja o bolsa de pesca.

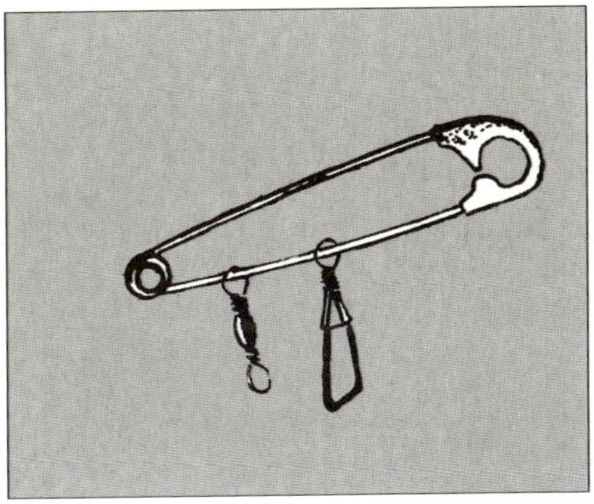

BUCLE PARA ANILLADO

El "Whip-Finish" es un nudo utilizado de forma continua en el acabado de moscas, pero también se usa para efectuar el anillado de cañas. Una forma cómoda de ejecutarlo es mediante el pequeño utensilio que mostramos en la figura.

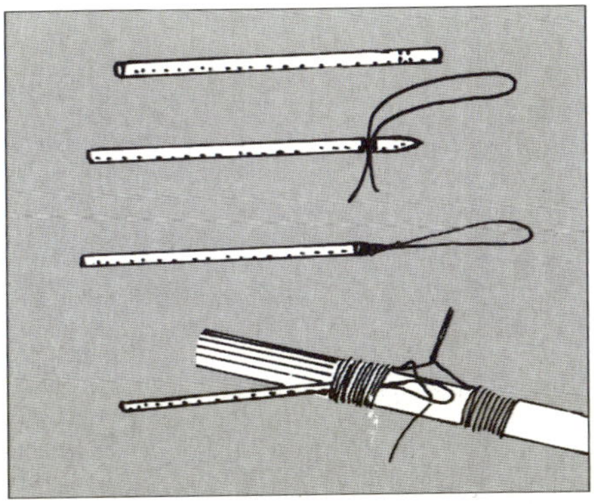

ANCLA DE OCASIÓN

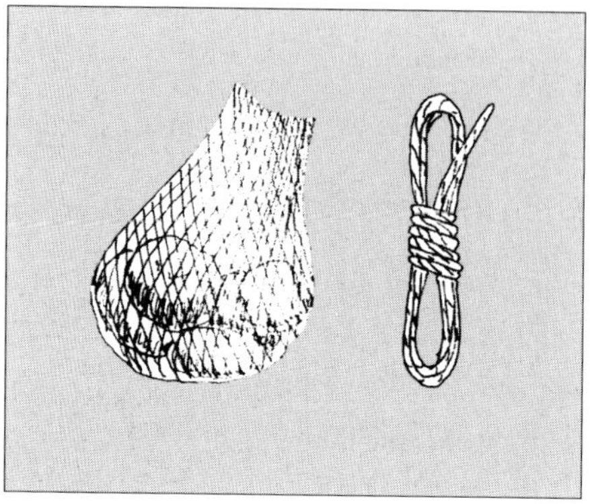

Una bolsa de malla, de las usadas para empaquetar fruta, constituye, una vez llena de piedras, un ancla eficaz, siempre que disponga de una cuerda para amarrarla al bote.
La mayor ventaja reside en el hecho de no cargar con ella después de usarla.

DESANZUELADOR

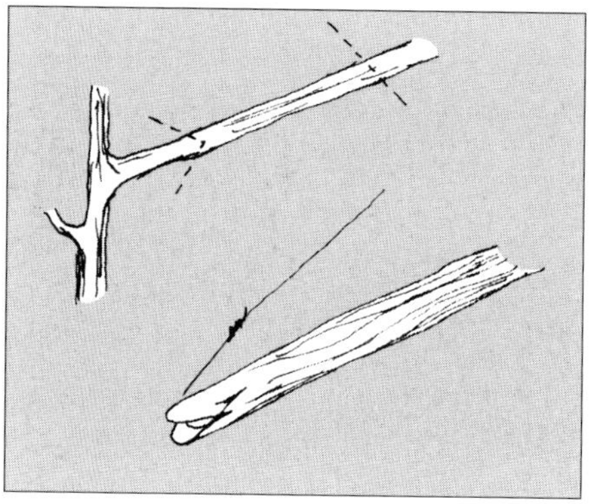

Si necesita un desanzuelador y no tiene ninguno a mano, puede salir del paso tallando el extremo de una pequeña rama, tal como indica la figura. Utilice, a ser posible, una rama seca, cuya madera esté endurecida.

PROTECTOR PARA TIJERAS

Un corcho en la punta de sus tijeras evitará en muchas ocasiones los desagradables pinchazos que le pueden proporcionar al buscarlas entre los múltiples objetos que normalmente cualquier pescador lleva en los bolsillos de su chaqueta.

PINZA HEMOSTÁTICA

Una pinza hemostática, de las usadas en cirugía, es, sin ningún género de duda, la mejor herramienta para desanzuelar una trucha; si tiene algún amigo médico, le proporcionará alguna que no use. Si no, puede adquirirla en cualquier tienda de material sanitario.

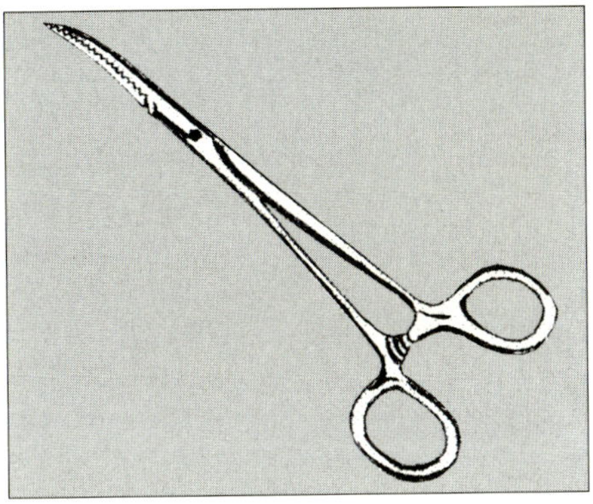

INDICADOR DE PICADA

Para aquellos pescadores que desean ignorar los avances de la electrónica, un cómodo indicador de picada, siguiendo el tradicional método del cascabel, es el presentado en la figura, que puede realizarse mediante la ligadura de un pequeño trozo de alambre de cobre o de latón al último tercio del puntal de la caña.

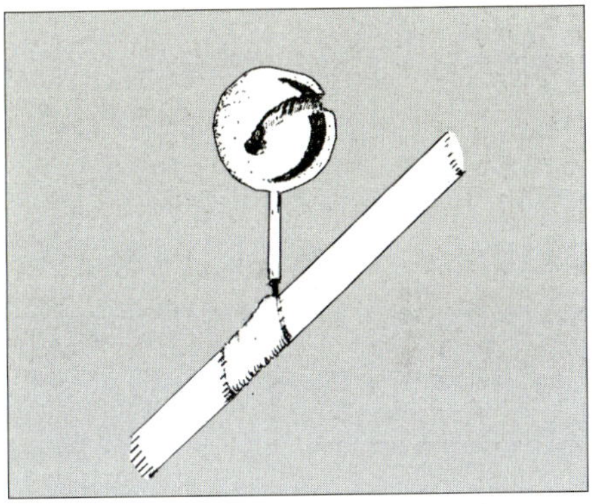

Un trozo de tubo plástico fino, cortado según la figura, le servirá también de indicador de picada muy sensible cuando, por ejemplo, pesque carpas. Puede realizarlo también con cartulina y contrapesarlo con plomos de anilla.

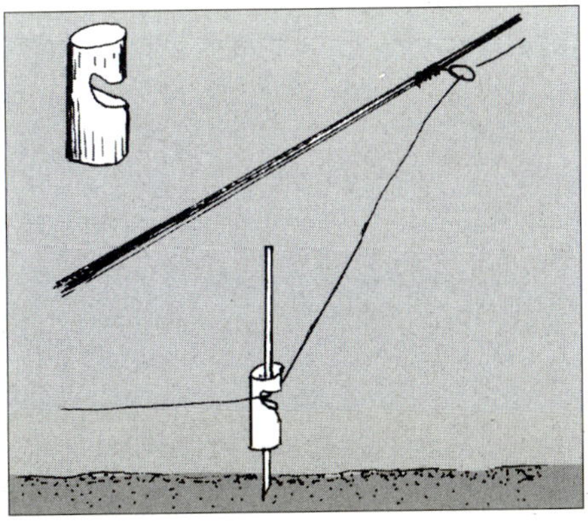

FLOTADOR PARA VIENTO

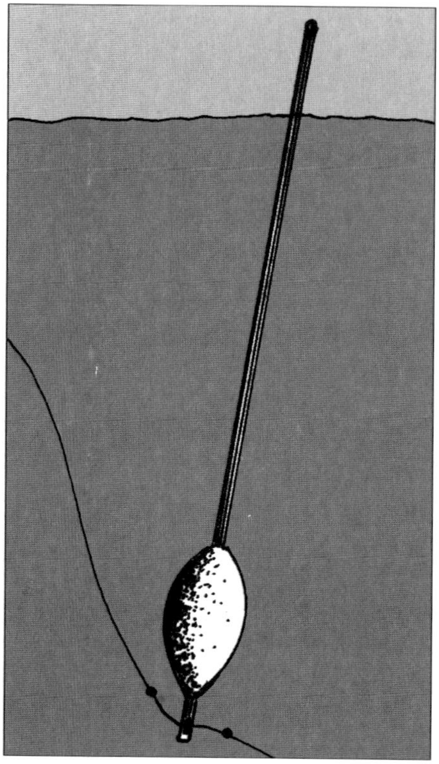

Posiblemente, pescando con flotador en días de viento, éste le haya hecho pensar que los peces picaban cuando lo único que hacía era moverse bajo su influencia, o bien al contrario, habrá perdido alguna buena pieza porque pensaba que era el viento quien lo movía.

No tendrá ninguno de los dos problemas si utiliza un modelo como el mostrado en la figura: equilibrándolo de tal forma que solamente sobresalga del agua la última parte de la antena.

SOPORTE PARA CAÑA

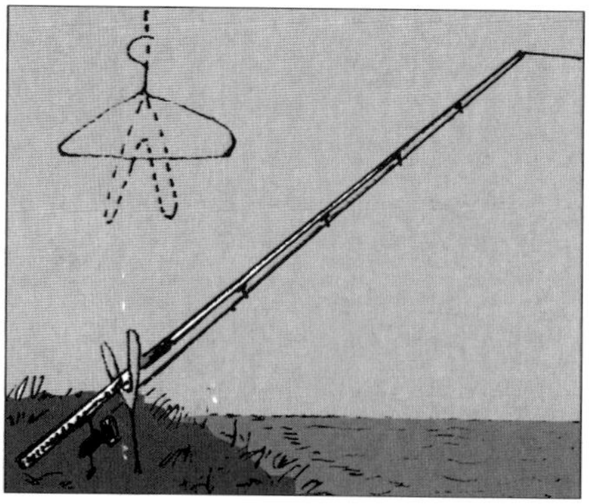

Una percha de alambre plastificado, modificada en la forma que se especifica en el dibujo adjunto, constituye un soporte útil y barato cuando desee pescar tranquilamente sentado al lado de una poza, o a fondo en una corriente.

SONDA

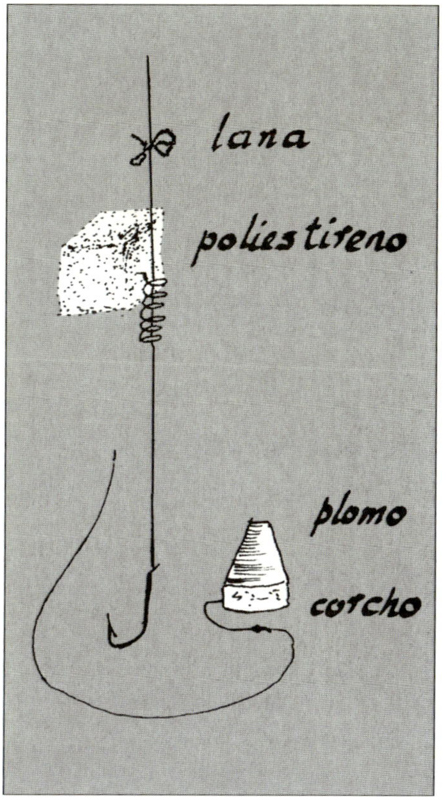

El uso de la sonda es imprescindible en la pesca "al coup" para determinar el fondo sobre el que desee pescar. Puede construir una fácilmente utilizando un trozo de poliestireno al que se le fija una espiral de alambre. Coloque el plomo sobre el anzuelo y deslice la espiral sobre la línea, utilizando un trozo de lana por encima de ésta; le indicará la profundidad de la zona donde vaya a pescar.

PULIMENTO

Un tubo de pasta dental es un auxiliar de primer orden para el pescador. La pasta tiene entre sus componentes un abrasivo, piedra pómez, y le servirá para abrillantar cucharillas, limpiar empalmes metálicos de cañas o, simplemente, quitar el olor de pescado de sus manos.

EMERILLÓN

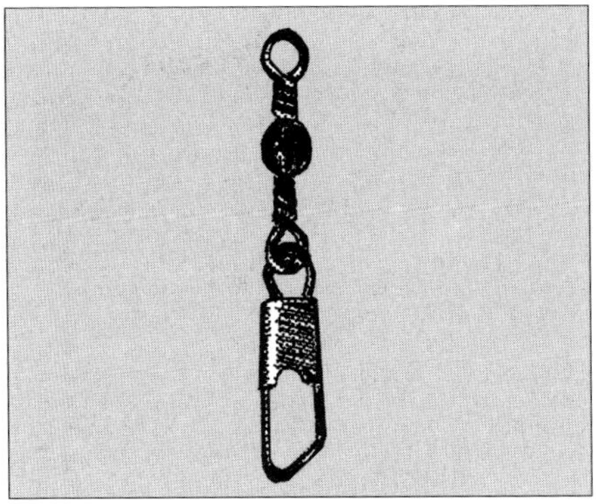

Coloque un emerillón giratorio delante de la cucharilla, siempre que pesque en corrientes rápidas y con líneas relativamente finas.
Un hilo que se retuerce es el origen de infinidad de problemas, y la causa de su destrucción.

11. ACCIDENTES Y REPARACIONES

FUNDAS ESTANCAS

Si utiliza las bolsas de plástico con cierre estanco para guardar el paquete de tabaco, documentación, etc., podrá seguir fumando aunque tenga la mala fortuna de darse un chapuzón tratando de colocar una mosca ante una trucha que se ceba lejos de nuestro alcance.

LÍNEAS

No abandone sus líneas rotas en ningún lugar susceptible de ser navegado o apto para bañarse. Desgraciadamente, el nylon no es biodegradable, y aparte de las averías que quizá origine puede también enredar sus propios aparejos.

ANZUELO CLAVADO

Si tiene la desgracia de clavarse un anzuelo, no intente sacarlo tirando, no podría. Clávelo del todo hasta que aparezca el gancho, y si es de paleta, podrá sacarlo fácilmente; si no, rómpalo o aplaste el gancho y reinvierta el camino. No olvide desinfectar la herida.

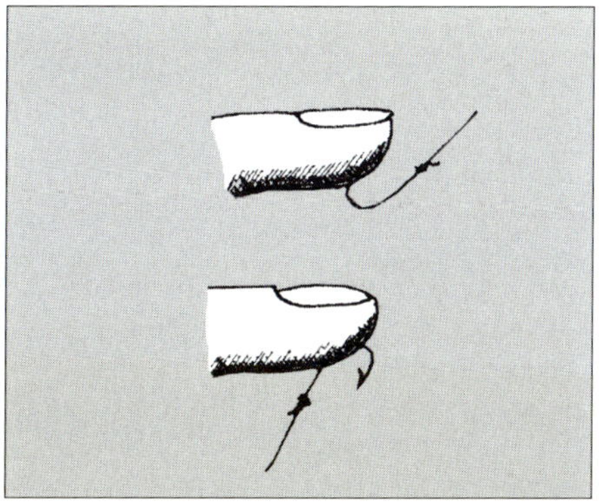

MOSQUITOS

En ocasiones, sobre todo en verano y al atardecer, los mosquitos y otros dípteros pueden convertirse en una pesadilla para el pescador. Existen algunos repelentes de venta en farmacias, pero la pomada mentolada Vicks, da excelentes resultados.

PARCHES

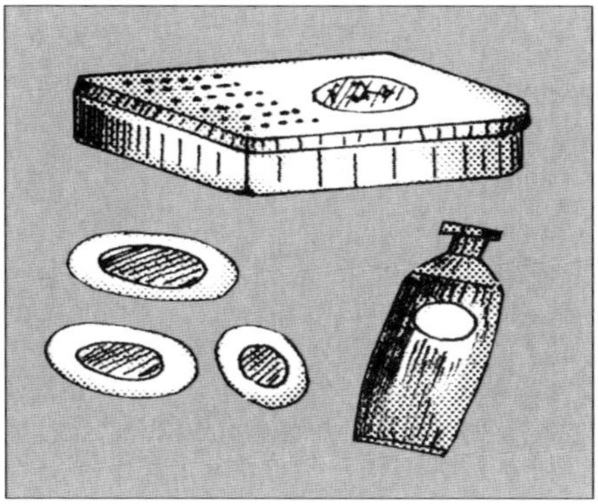

Cuando pesque utilizando botas o pantalón impermeable, no olvide llevar una caja de parches y disolución. Podrá arreglar fácilmente una rotura que, en caso contrario, arruinaría completamente su día de pesca. Limpie o raspe el lugar donde coloque el parche.

CINTA AISLANTE

No olvide llevar en su cesta un rollo de cinta aislante plástica, de las usadas por los electricistas.
Le servirá para infinidad de reparaciones de emergencia: sujetar una anilla, asegurar un empalme, bloquear la tuerca de un portacarrete, etc.

12. CURIOSIDADES

ORIENTACIÓN

¿Sabe distinguir la estrella Polar?
Es fácil, basta trazar una línea imaginaria uniendo las dos estrellas inferiores de la Osa Mayor y a una distancia aproximada a cinco veces la separación entre éstas, la encontrará. Señala el Norte.

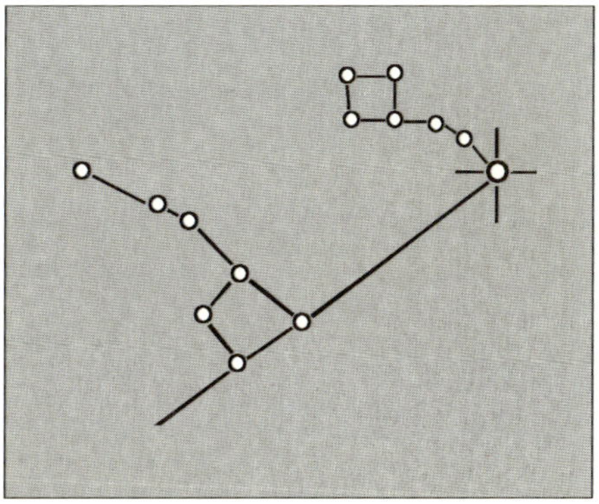

ESTADO DEL PEZ

La mejor forma de comprobar si un pescado está fresco es observando el ojo del mismo; debe estar brillante y claro, sin empañar. También presione con un dedo la parte superior del costado; si la huella no desaparece casi de inmediato, el pez lleva tiempo fuera del agua.

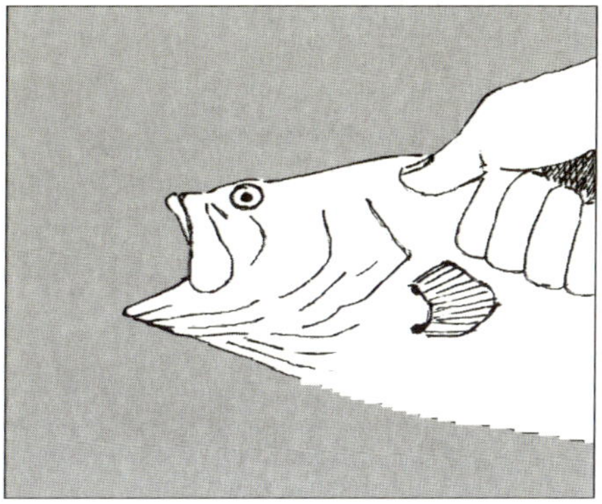

PURGA DE LAS CARPAS

El gusto a lodo de la carpa y de algunos otros peces es debido fundamentalmente a las algas azules de las que en ocasiones se alimentan, y que se fijan en los músculos.
Se hace desaparecer con facilidad "purgándolas". Para ello es necesario dejarlas durante varios días en estanques con agua clara y limpia, y ausencia de algas.

?

LUCIO

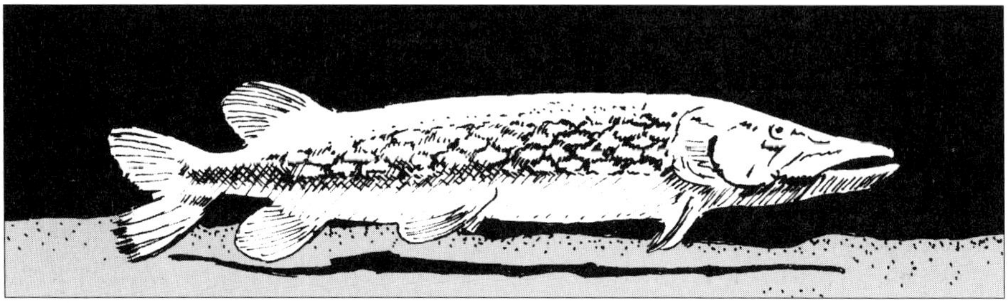

La merluza *Merlucius merlucius* debe su nombre a una pretendida semejanza con el lucio; por ello, antiguamente era conocida como "lucio de mar".

ARCO IRIS

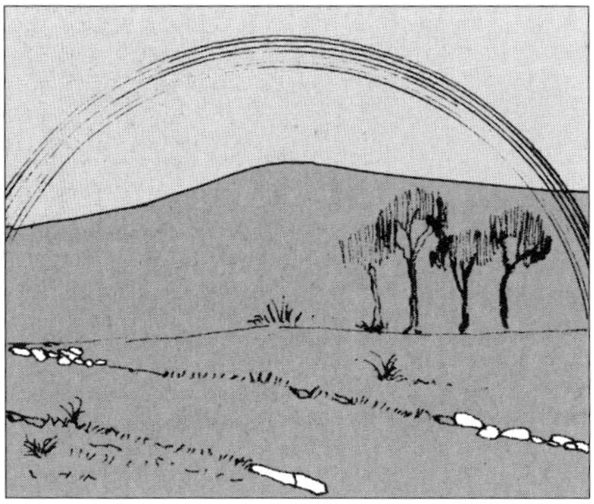

Recogido de boca de un pastor en tierras del Bierzo:
El arco iris por la tarde indica un día siguiente con buen tiempo; sin embargo, el arco iris por la mañana suele ser señal de lluvia para esa misma tarde.

PUESTA DEL ESTURIÓN

El más prolífico de los peces de agua dulce es el esturión, su hembra puede poner entre 4 y 5 millones de huevos. La hembra de la trucha y la del salmón ponen alrededor de 2.000 por kg. de peso. La carpa y la tenca, entre 200.000 y 300.000. El lucio, de 20.000 a 30.000.

?

VASO IMPROVISADO

Un envase de sopa rápida o de cualquier alimento preparado puede usarse con facilidad como vaso para beber en cualquier momento, y no abulta ni pesa; corte con unas tijeras la parte superior y lávelo antes de usarlo. Puede llevarlo doblado en un bolsillo perfectamente.

MENTA SILVESTRE

Es fácil encontrar al lado del río plantas de menta silvestre o acuática. Rellene con ellas el fondo de su cesta; el pescado tendrá un aroma diferente al cocinarlo.
A falta de hierbabuena, puede usar hinojo, también abundante.

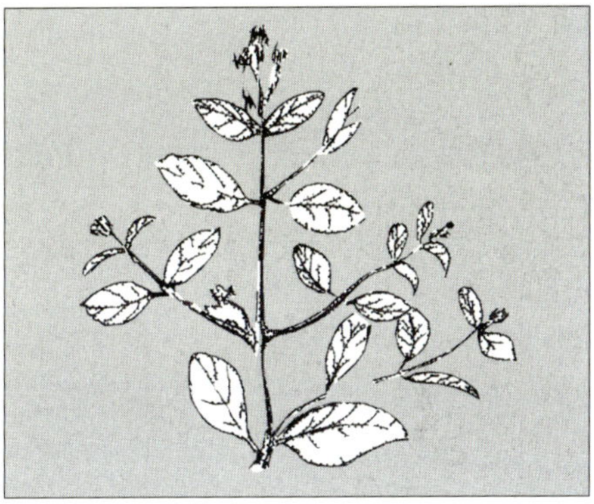

PUESTA DEL SOL

Si quiere saber el tiempo que falta para que el sol se oculte, cuente los dedos que caben con su mano extendida entre la línea del horizonte y el sol; cada dedo, 15 minutos.

REPRODUCCIÓN DE LOS PECES

Entre agosto y octubre los peces de agua dulce no se reproducen. A partir de noviembre, y hasta febrero, truchas, salmones y salvelinos establecen su juego amoroso. En marzo comienza el lucio, y en mayo, los ciprínidos de aguas vivas; barbos, bogas y cachos. La carpa y la tenca lo hacen en pleno verano.
Las condiciones estacionales influyen, adelantando o retrasando la puesta, pero en general, no más de quince días. Tal como se hace con la trucha, vedada desde octubre hasta marzo, ¿por qué no se veda el lucio de febrero a abril?

REPRODUCCIÓN DE LA TRUCHA

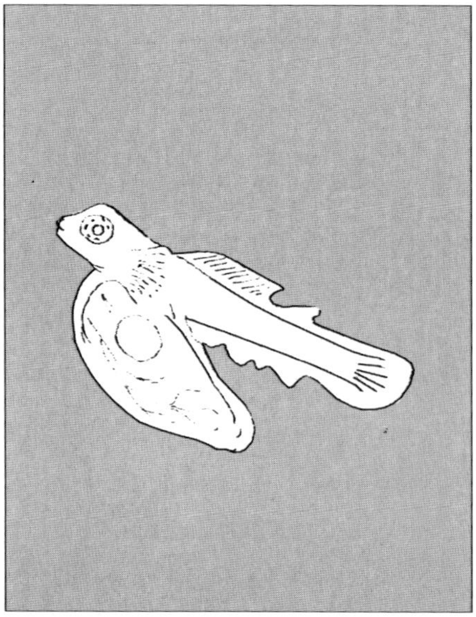

En otoño las truchas comienzan su reproducción. La hembra, con los impulsos de su cola, cava un pequeño hoyo en un fondo de grava donde depositará los huevos. El macho los fecunda y entre ambos los cubren. La duración de la incubación es función de la temperatura del agua. A 10 ºC se produce al cabo de un mes. Los alevines son incapaces de nadar hasta reabsorber el saco o vesícula vitelina de la que se alimentan. A los quince días aproximadamente, salen de sus escondites y comienzan a nadar y alimentarse.

?

ORACIÓN DEL PESCADOR

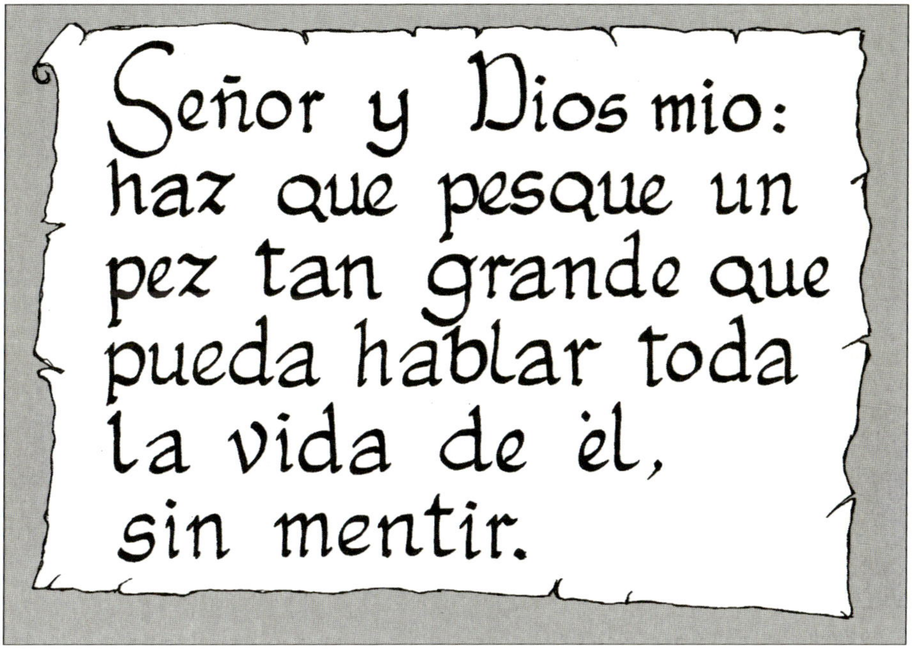

¿Conoce la "oración del pescador"? Es la enunciada en el recuadro, aunque emplazar a Dios para evitar la exageración habitual no sabemos si puede dar resultado.

OLOR DEL PESCADO

Después de haber limpiado el pescado, tanto si lo hace en casa como al lado del río, la mejor forma de eliminar el olor de sus manos es lavarlas utilizando bicarbonato sódico en lugar de jabón. También puede usarlo mezclado con éste.

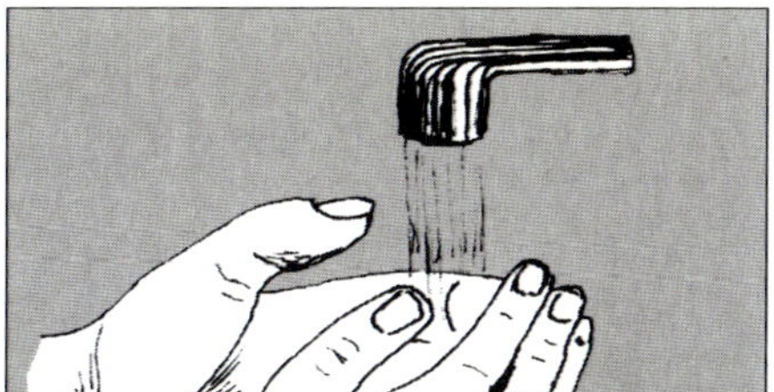

PREDICCIÓN DEL TIEMPO

Cuando observe relámpagos distantes, fíjese en su dirección, y si proceden del Norte o Noroeste, es muy posible que la tormenta venga en la dirección donde usted se encuentra; en tanto que si están al Sur o al Este, posiblemente no le alcanzarán.

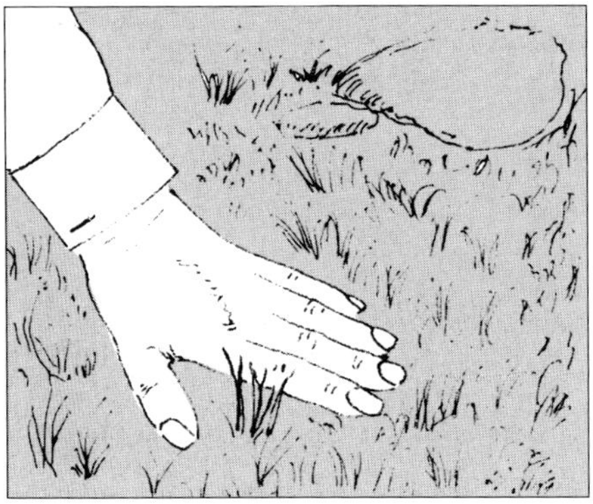

Si sale de pesca temprano y duda entre dejar el chubasquero en el coche o cargar con el mismo durante todo el día, puede comprobar si va a llover mediante el simple procedimiento de observar la hierba. Si está seca, es muy probable que llueva durante el día.

VELOCIDAD DE LOS PECES

La velocidad de natación de los peces la asegura la aleta caudal, que es el órgano locomotor esencial; las otras aletas sirven como timones de dirección y equilibrio. Los peces más aerodinámicos son los más rápidos. Se ha estudiado la velocidad de algunas especies, y en m/s son las siguientes: salmón, 8; trucha, 4; lucio, 0,45; carpa, 0,4. El récord lo ostenta el atún rojo: 100 km./h.

?

CUCHARILLA

Citado en *La pesca y los peces*, A. Locard, París 1907:
"La cuchara es un ingenio simple y casi infalible. Como indica su nombre, la parte esencial es una cucharilla de café privada de su mango. Algunos se contentan con una cucharilla de hierro, otros la prefieren de cobre plateado, y para los más exigentes debe ser de plata. En un extremo la cuchara va armada con un anzuelo triple, y por la parte más fina se fija a la línea mediante un emerillón o quitavueltas."

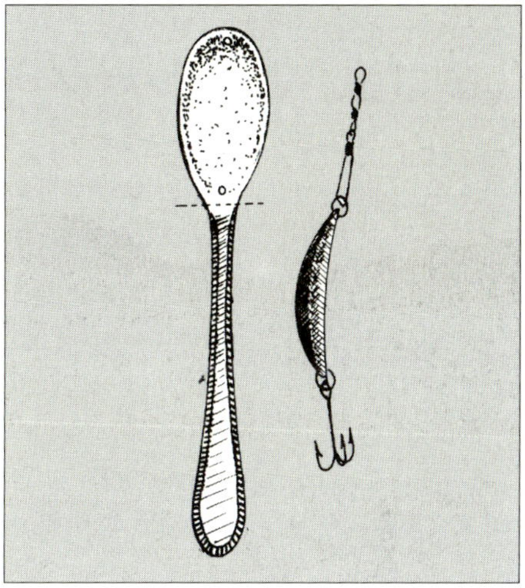

CAJA "VIBERT"

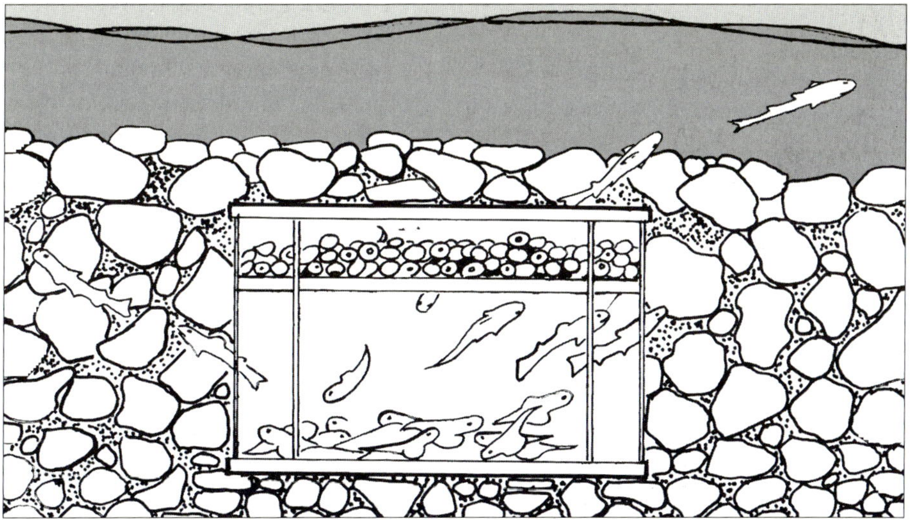

¿Sabe qué es una caja Vibert? Simplemente una pequeña caja de plástico de 140 × 60 × 85 mm. que contiene 500 huevos embrionados y que se usa para repoblaciones. En ellas los huevos están a salvo de predadores; los alevines no pueden salir hasta haber reabsorbido el saco vitelino, y el comportamiento de las truchas procedentes de ellas no se diferencia de las salvajes.

Notas

Notas

Notas

Notas

Notas